SECOND EDITION

FRENCH THROUGH VOCABULARY PUZZLES

GILLIAN TAYLOR

Hodder & Stoughton

A MEMBER OF THE HODDER HEADLINE GROUP

FRENCH VOCABULARY THROUGH PUZZLES

In this new edition of *French Vocabulary Through Puzzles*:

- The puzzles are photocopiable so that learners can write directly on the sheets
- All rubrics are given in simple French, with clear examples in picture form
- All the solutions are now provided at the back of the book

The puzzles are divided into six main topic areas, which can be taken in any order to complement course work:

La salle de classe	À la maison	Les vêtements
La France	Du shopping	Manger et boire

Each topic consists of:

- *Infos* - a re-usable, single-sided vocabulary list per topic, containing all the words required to solve the puzzles within that topic
- 6-8 puzzle sheets per topic
- Photocopiable answer section

The puzzles consolidate vital basic vocabulary. Some require learners to understand the meaning of the words; others involve spelling words correctly; but most require both understanding and correct spelling.

The photocopied sheets can be used:

- For revision and homework (involving enjoyable vocabulary building with virtually no marking required)
- For unsupervised work, or cover-lessons (when you are otherwise involved, perhaps with orals or a trip abroad, learners can get on with the puzzles on their own)
- For assessment (allow learners to do one or more of the puzzles with the help of the *Infos* sheet, then one or more without to see how much they can remember)

British Library Cataloguing in Publication Data

Taylor, Gillian, 1946 –
  French vocabulary through puzzles. – 2nd ed.
  1. French language – Vocabulary   2. Literary recreations
  3. French language – Conversation and phrase books – English
  4. Puzzles
  I. Title
  448.2'421

  ISBN 0 340 66345 6

First published 1988
Second edition 1996

Impression number	10	9	8	7	6	5	4	3	2	
Year		1999		1998		1997		1996		

Copyright © 1988, 1996 Gillian Taylor

Typeset by Wearset, Boldon, Tyne & Wear.
Printed in Great Britain for Hodder & Stoughton Educational, a division of Hodder Headline Plc, 338 Euston Road, London NW1 3BH by Hobbs the Printers, Totton, Hampshire.

1 Infos: La salle de classe

Pour activités 2 à 9.

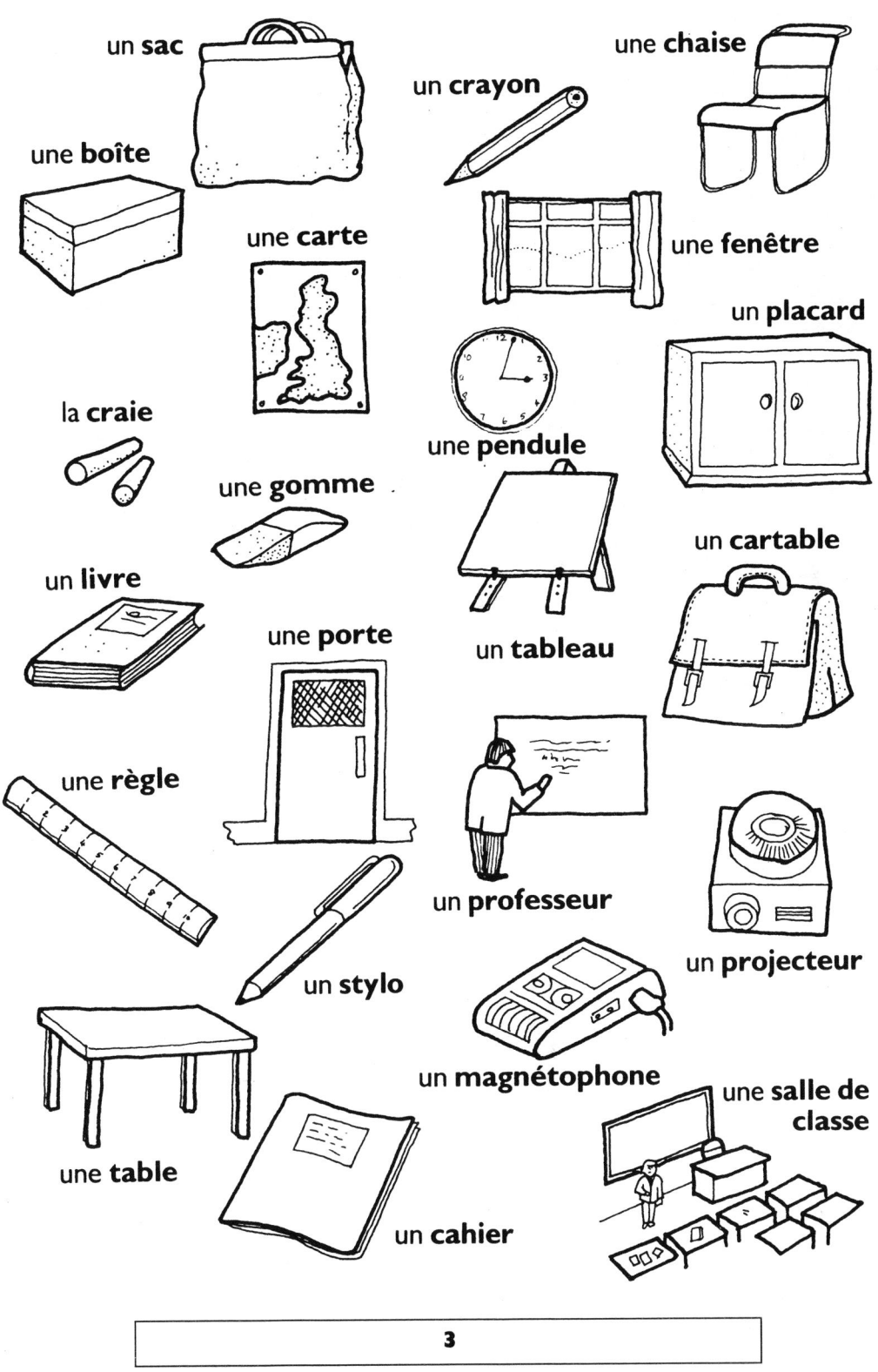

un **sac**

une **boîte**

un **crayon**

une **chaise**

une **carte**

une **fenêtre**

un **placard**

la **craie**

une **pendule**

une **gomme**

un **cartable**

un **livre**

une **porte**

un **tableau**

une **règle**

un **professeur**

un **projecteur**

un **stylo**

un **magnétophone**

une **salle de classe**

une **table**

un **cahier**

3

2 À l'école primaire

Place les 10 étiquettes. Exemple: une pendule

Consulte: 1 Infos: La salle de classe

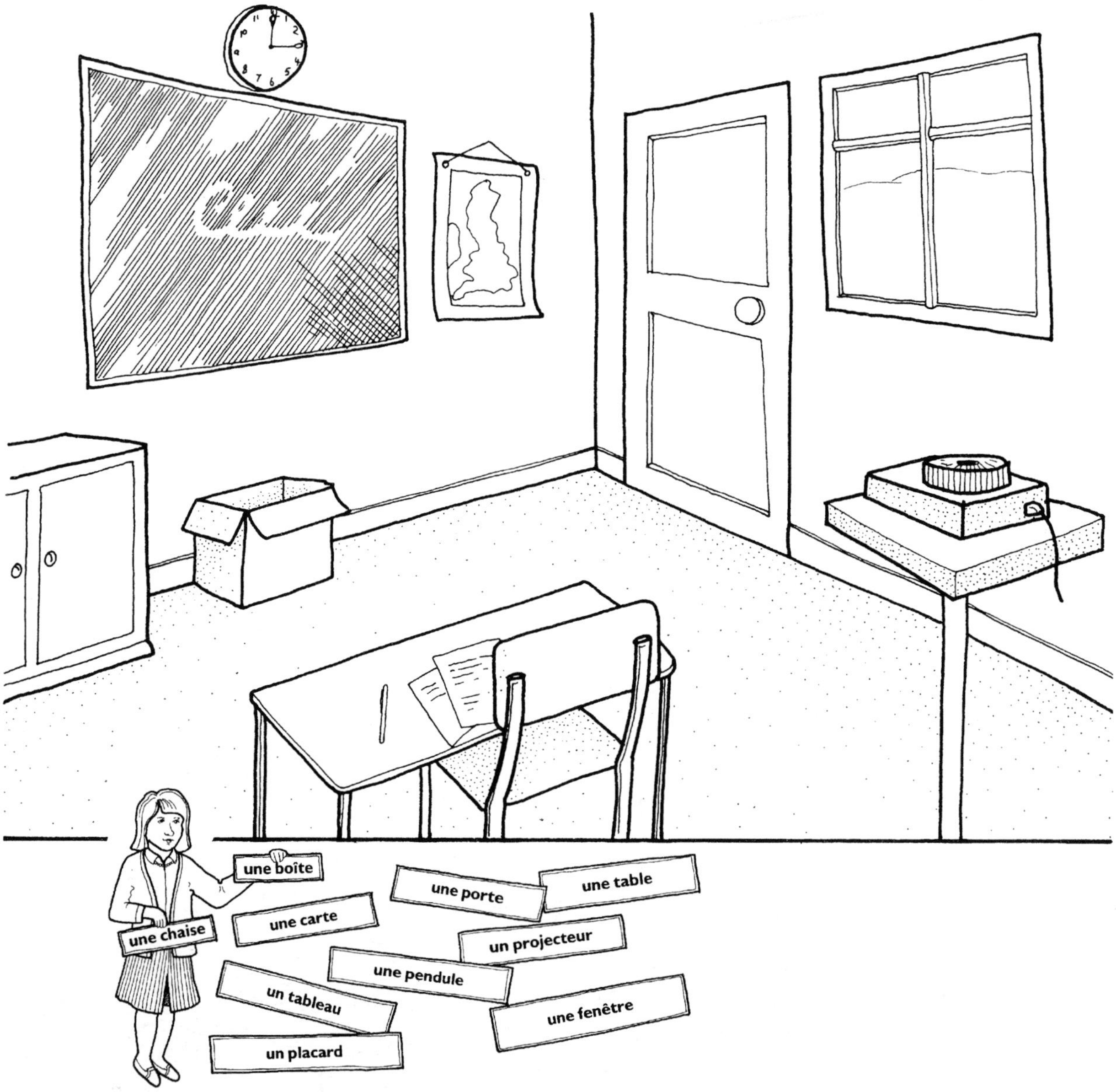

une boîte

une porte   une table

une carte

un projecteur

une chaise

une pendule

un tableau

une fenêtre

un placard

La salle de classe

3 Tout pour la rentrée

a Mets les lettres dans le bon ordre.

b Dessine les objets. Exemple:

un cartable

Consulte: 1 Infos: La salle de classe

LIBRAIRIE ~ PAPETERIE

TOUT POUR LA RENTREE

MADAME ACHETEZ TOUT TOUT TOUT A VOS ENFANTS!

naa btcu erl

unsc a

evnir u

eéen egur l

megou mgne

suyt o l n

ia rhc rnue

ruay nonc

4 Mots fléchés

Complète la grille avec les noms des objets.

Attention à la flèche (→). Exemple:

Consulte: 1 Infos: La salle de classe

5 L'objet-mystère absent

a Regarde le dessin et la grille.
b Compte les objets.
c Complète la grille.
  Exemple: 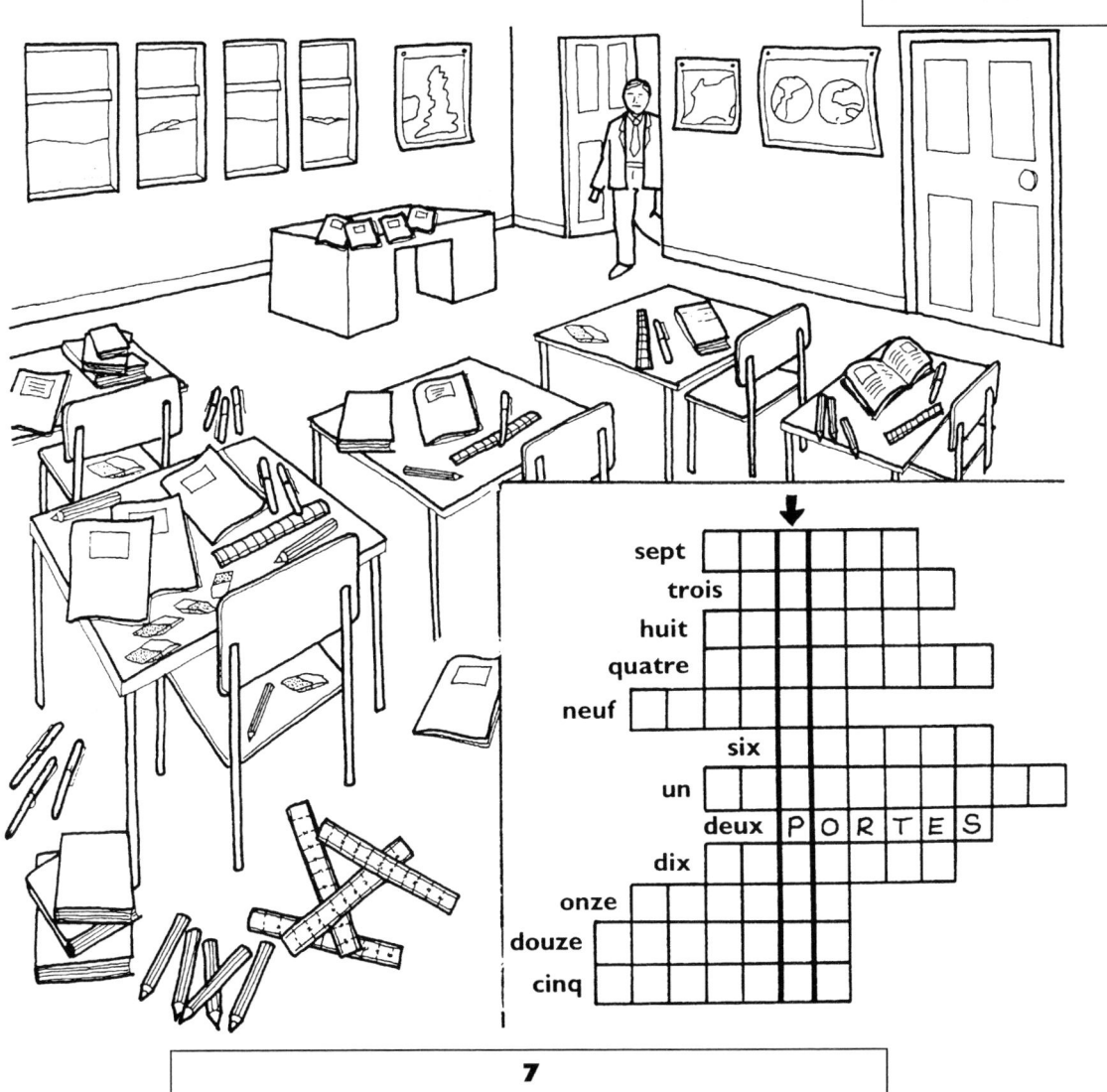 = deux `P O R T E S`
d Identifie l'objet-mystère ↓,
  absent de la salle de classe.

Consulte: 1 Infos: La salle de classe

Les numéros:
1 un
2 deux
3 trois
4 quatre
5 cinq
6 six
7 sept
8 huit
9 neuf
10 dix
11 onze
12 douze

sept
trois
huit
quatre
neuf
six
un
deux `P O R T E S`
dix
onze
douze
cinq

6 Mots à 5 lettres

a Regarde l'exemple.
b Consulte *1 Infos: La salle de classe*, et forme 6 autres
   mots.
c Dessine les objets.

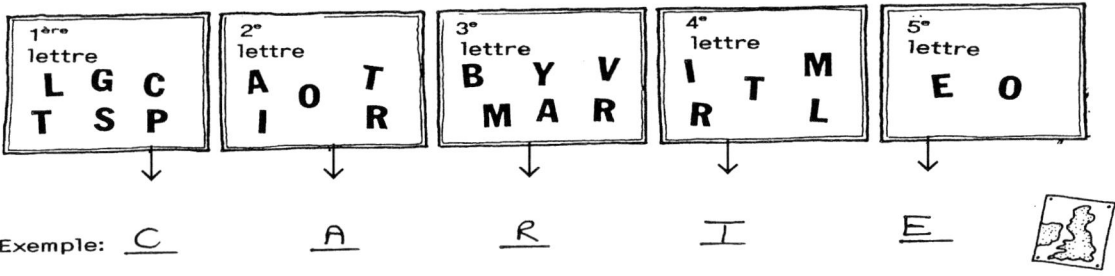

1ère lettre	2e lettre	3e lettre	4e lettre	5e lettre
L G C T S P	A O T I R	B Y V M A R	I T M R L	E O

Exemple:　C　　　A　　　R　　　I　　　E

1 — — — — —

2 — — — — —

3 — — — — —

4 — — — — —

5 — — — — —

6 — — — — —

8

7 Place les mots

Place les noms des objets dans la grille.
Idée: compte les lettres.

Exemple: SALLE DE CLASSE = 12 lettres = | S | A | L | L | E | D | E | C | L | A | S | S | E |

un sac
une boîte
une carte
la craie
une gomme
un livre
un crayon
une fenêtre
une pendule
un tableau
une chaise
un placard
une règle
une table
une porte
un stylo
un professeur
un magnétophone
un cahier
un cartable
un projecteur
une salle de classe

8 Et Georges?

a Anne a quoi? Regarde sa ligne. Écris le mot: C _ ☐ _ _ _ _ _
b Et Bernard? Claire? David? Élisabeth? Fatima?
c Identifie l'objet-mystère de Georges.
   C'est une anagramme des lettres en cases. (☐)

Consulte: 1 Infos: La salle de classe

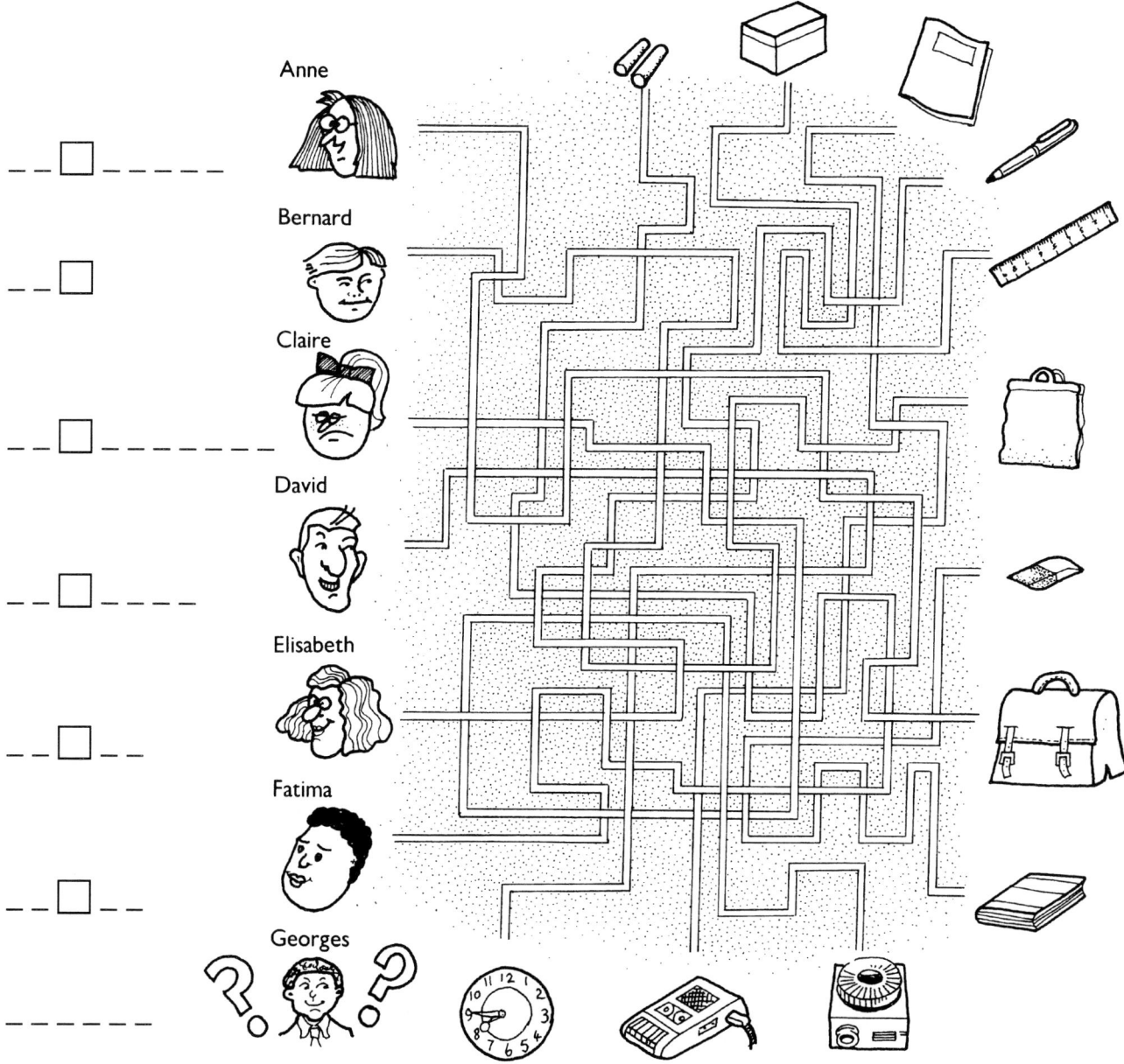

9 Jeu de code

a   Écris l'initiale des dessins. Exemple: = un stylo = S

b   Décide: que représente le signe ● ?

c   Et les autres signes? 1 signe = 1 lettre de l'alphabet

d   Identifie mots 1 à 9.

Consulte: 1 Infos: La salle de classe

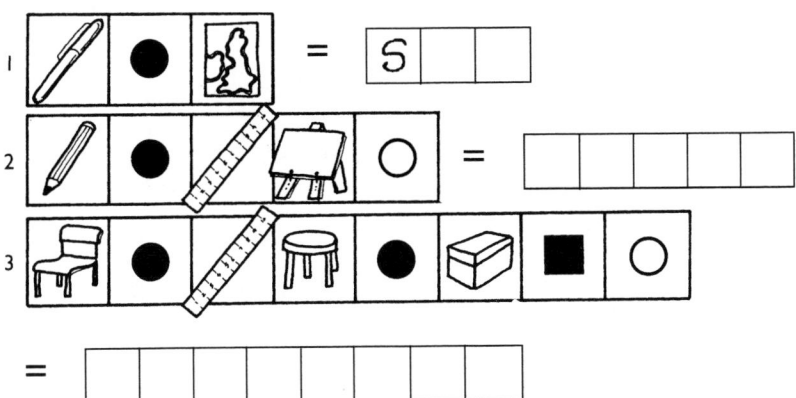

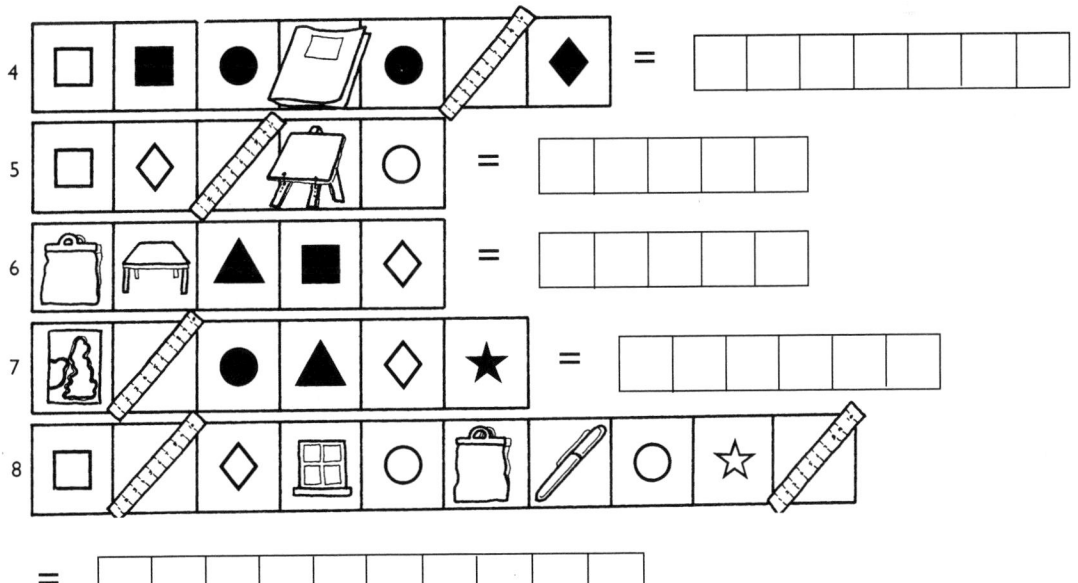

10 Infos: À la maison

Pour activités 11 à 16

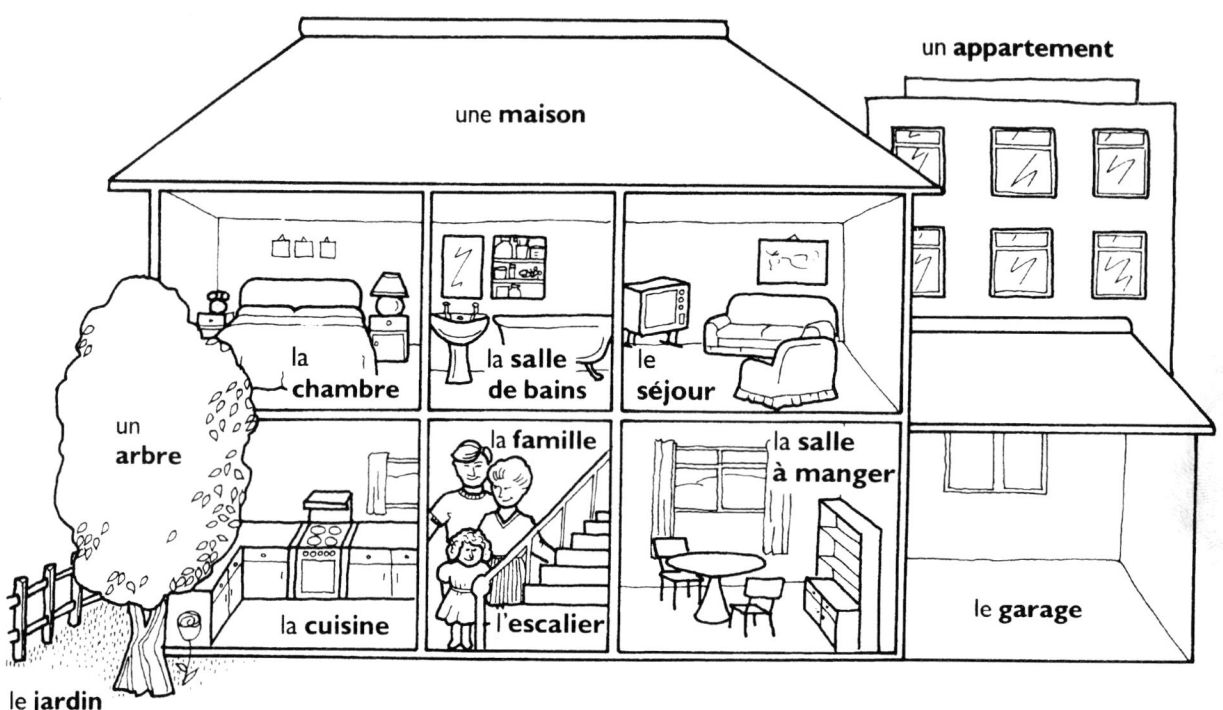

un **appartement**

une **maison**

la **chambre**

la **salle de bains**

le **séjour**

un **arbre**

la **famille**

la **salle à manger**

la **cuisine**

l'**escalier**

le **garage**

le **jardin**

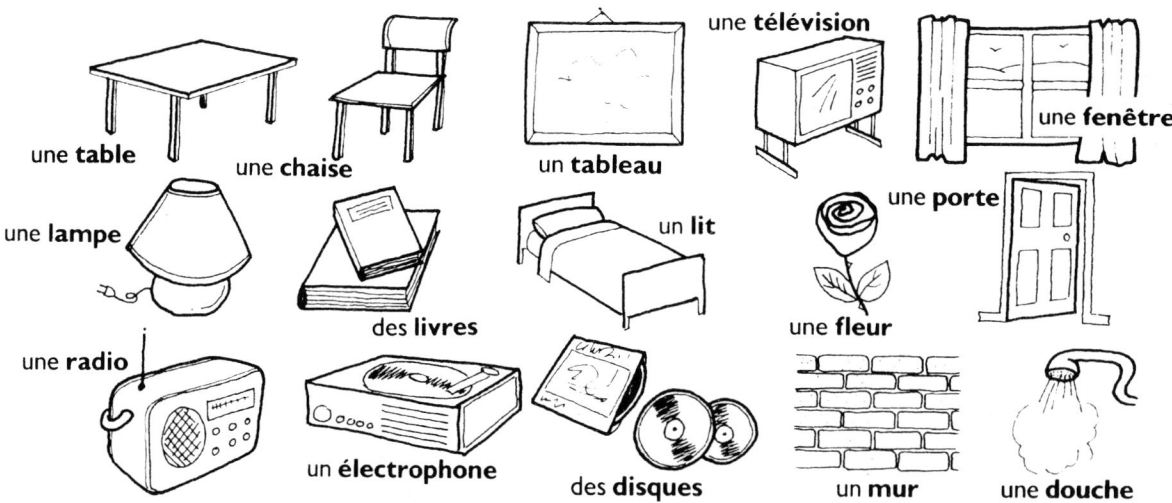

une **table**

une **chaise**

un **tableau**

une **télévision**

une **fenêtre**

une **lampe**

des **livres**

un **lit**

une **porte**

une **fleur**

une **radio**

un **électrophone**

des **disques**

un **mur**

une **douche**

11 Déménagements

a Compte les articles sur l'image et complète la grille.

Exemple: 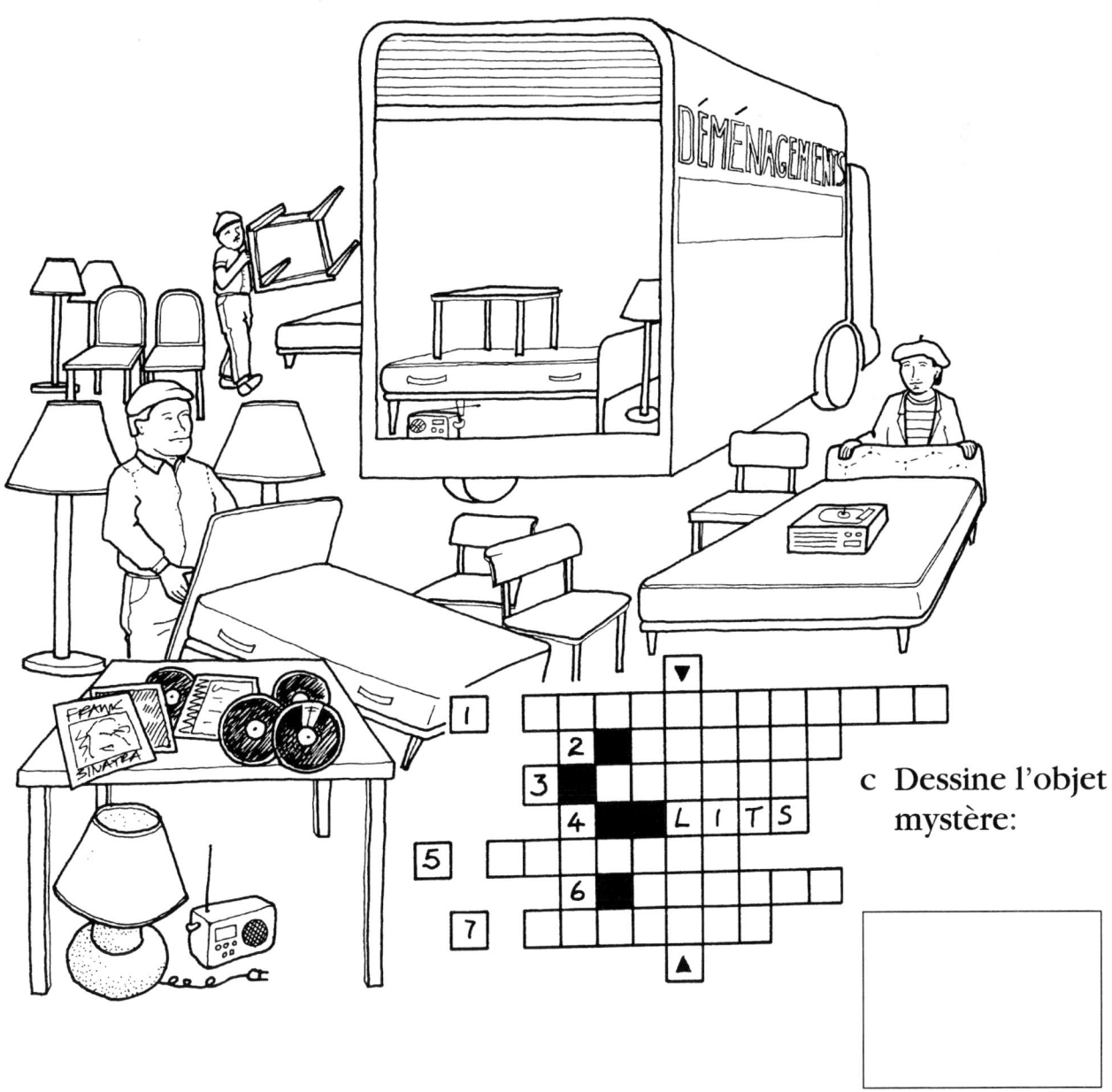 = | 4 | ■ | L | I | T | S |

b Identifie l'objet mystère ⟨⟩.

Consulte: 10 Infos: À la maison

c Dessine l'objet mystère:

12 Identifie l'objet secret

a Continue la flèche (→)
b La flèche passe par cinq objets. Note les objets:

1 une .... 2 un .... 3 un .... 4 un .... 5 un ....

c Une anagramme: Place les initiales dans l'ordre et voilà l'objet secret.

d Dessine l'objet secret:

Consulte: 10 Infos: À la maison

14

13 Mots croisés en images

Complète la grille.

Consulte: 10 Infos: À la maison

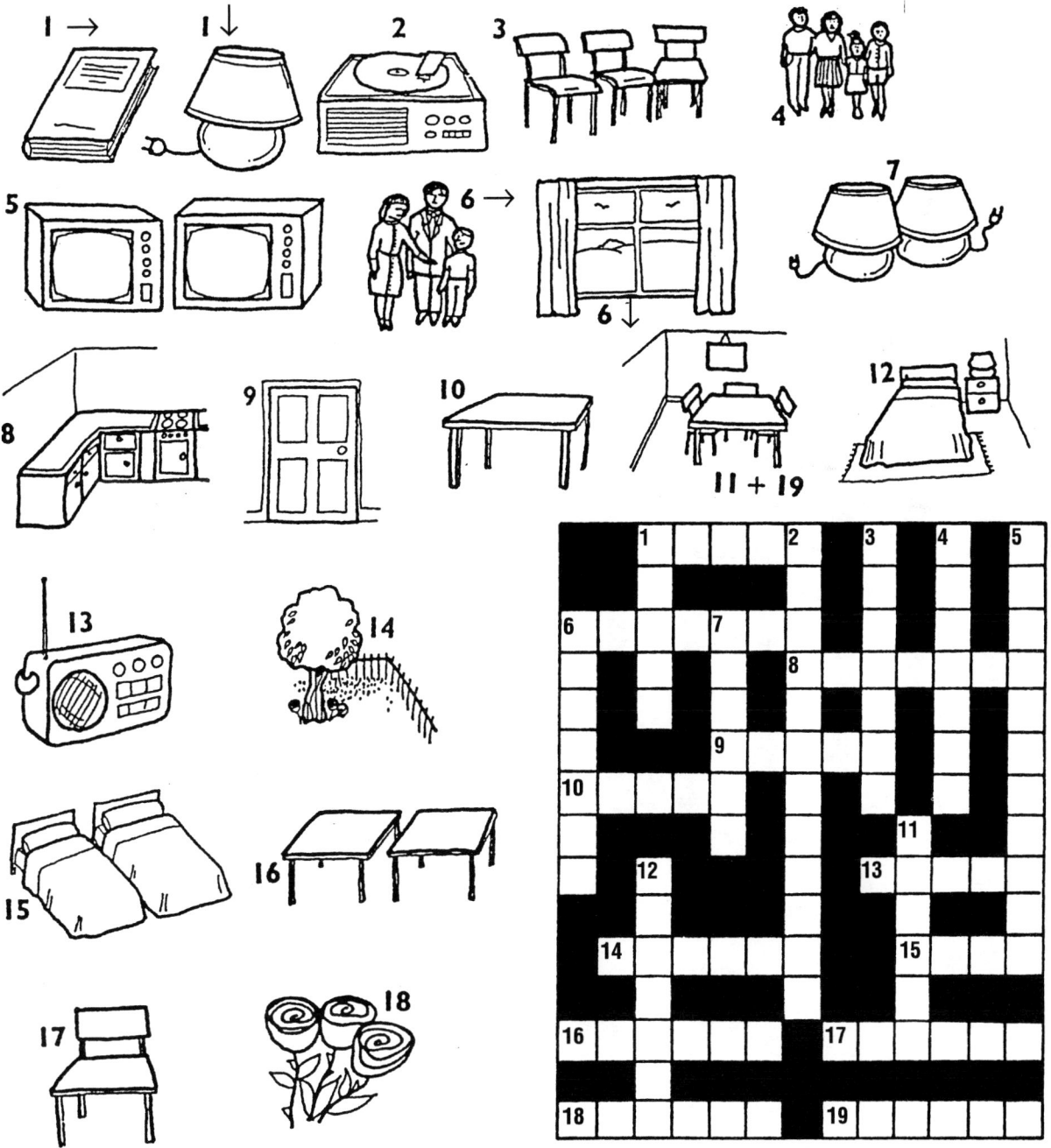

14 Le nouveau magasin

Voici un magasin en préparation.
Une partie du magasin = une partie de la maison.

a Identifie les parties de la maison:
   place les lettres sur les signes.
b Dessine un objet dans chaque partie.

Exemple:
la cuisine

Consulte: 10 Infos: À la maison

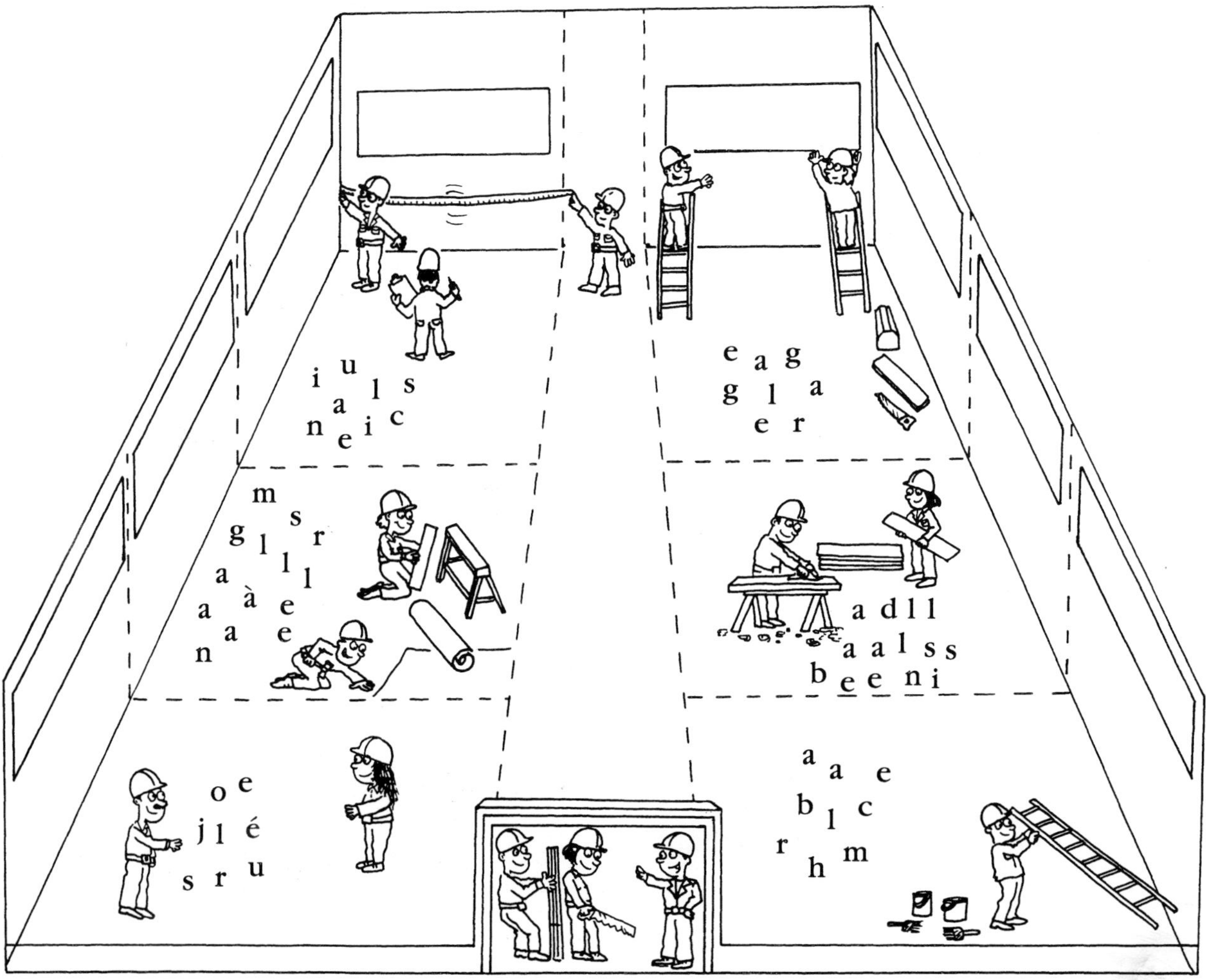

i u l s
a
n e i c

e a g
g l a
e r

m
g s r
l l
a l
a à e
a e
n

a d l l
a a l s s
b e e n i

o e
j l é
s r u

a a e
b l c
r h m

15 Mots croisés en puzzle

a   Complète les mini-grilles.
     (Les mots-solution sont sur les images.)
b   Recopie les solutions dans la grande grille.

Consulte: 10 Infos: À la maison

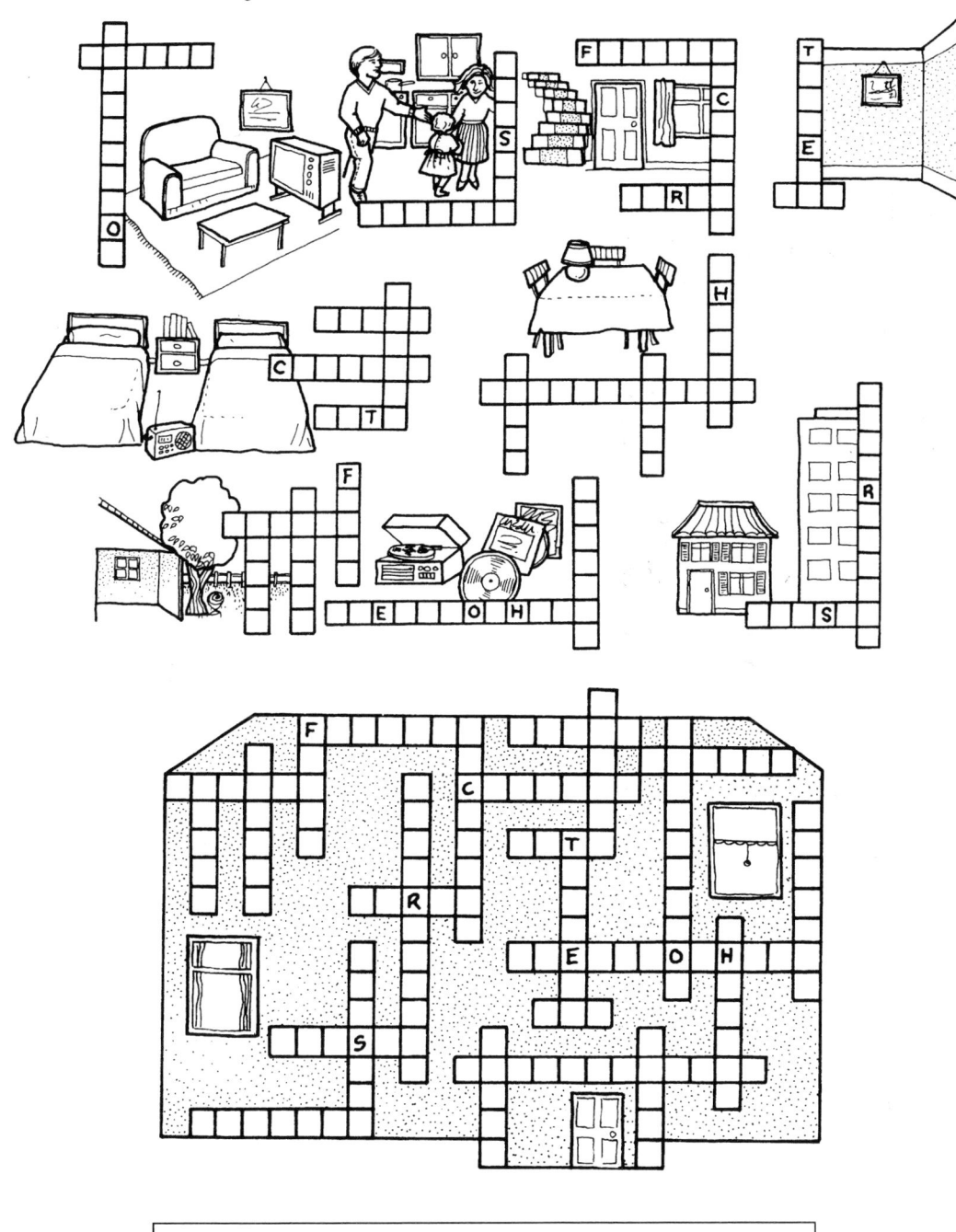

16 Jeu de code

a Écris les initiales des dessins. Exemple: ⌂ = une maison = M

b Décide: que représente le signe ● ?

c Et les autres signes?

d Identifie les mots 1 à 10.

Consulte: 10 Infos: À la maison

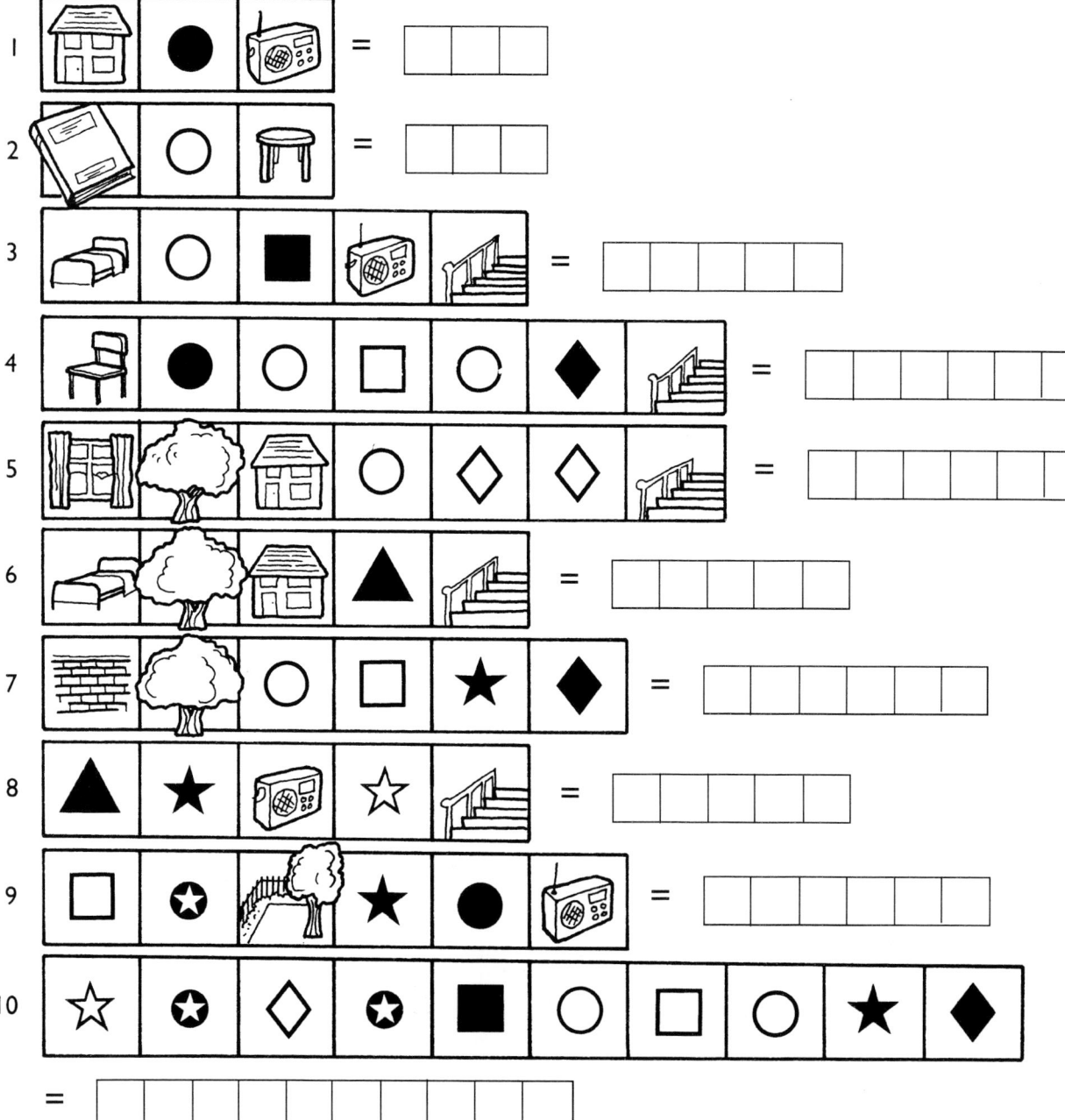

17 Infos: Les vêtements

Pour activités 18 à 25.

des **chaussettes**

une **jupe**

une **chaussette**

une **robe**

une **chaussure**

des **chaussures**

un **chemisier**

un **pantalon**

une **chemise**

un **jean**

un **manteau**

un **anorak**

une **veste**

une **cravate**

un **imper**

une **écharpe**

un **tee-shirt**

un **maillot de bain**

un **pull**

un **chapeau**

un **collant**

un **gant**

des **gants**

un **slip**

18 Au magasin de vêtements

a Place les lettres dans le bon ordre.
b Dessine les vêtements. Exemple:

Consulte: 17 Infos: Les vêtements

pantalon

MODES DE PARIS

a a p t
o n l n

e -r i t
t h e s

n e t m
u a a

r b e o

e t v s

M.LECHIC

e p j u

e r c é
p a h

h a a c
u p e

s h u s c
e r s a u

h j i c e
r m e s

l u P l

19 Vêtement mystère

a Suis les lignes. Quels vêtements sont dans les boîtes 1 à 7?
   Écris les noms des vêtements dans la liste.
   Exemple: des P A N T A L O N S

b Identifie le vêtement mystère dans la boîte numéro 8.
   C'est une anagramme des lettres en cases (☐).

Consulte: 17 Infos: Les vêtements

Liste des vêtements

Dans la boîte
numéro 1, il y a des
_ _ _ ☐ _ _ _ _ _ _ S

Dans la boîte
numéro 2, il y a des
_ _ _ ☐ _ _ _ _ _ S

Dans la boîte
numéro 3, il y a des
_ _ _ ☐ S

Dans la boîte
numéro 4, il y a des
_ _ _ ☐ _ _ _ S

Dans la boîte
numéro 5, il y a des
_ _ _ ☐ S

Dans la boîte
numéro 6, il y a des
_ _ _ ☐ _ _ _ S

Dans la boîte
numéro 7, il y a des
_ _ _ ☐ _ _ _ S

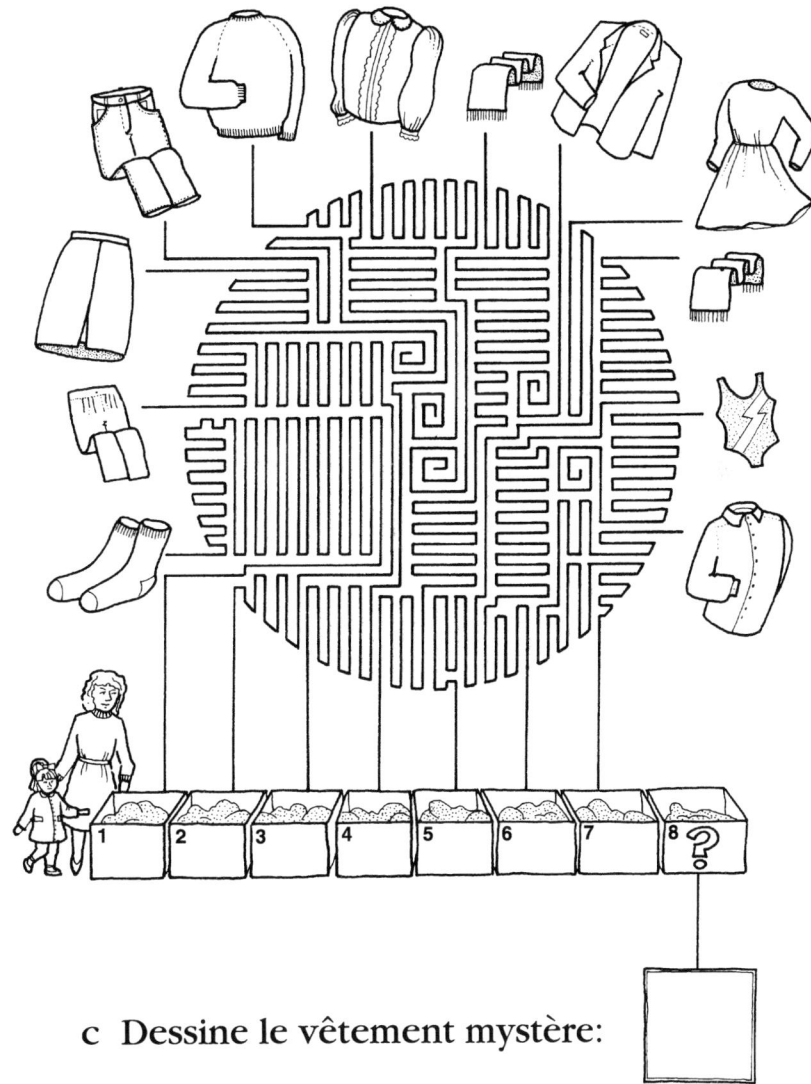

c Dessine le vêtement mystère:

Et dans la boîte
numéro 8, il y a un
☐ ☐ ☐ ☐ ☐ ☐ ☐

20 Vêtements en étoile

a Commence à chaque flèche (→) et finis à la lettre E.
   Écris le nom d'un vêtement dans la grille.
b Continue la flèche au dessin du vêtement. Exemple: JUPE↔
c Répète avec les autres flèches.

Consulte: 17 Infos: Les vêtements

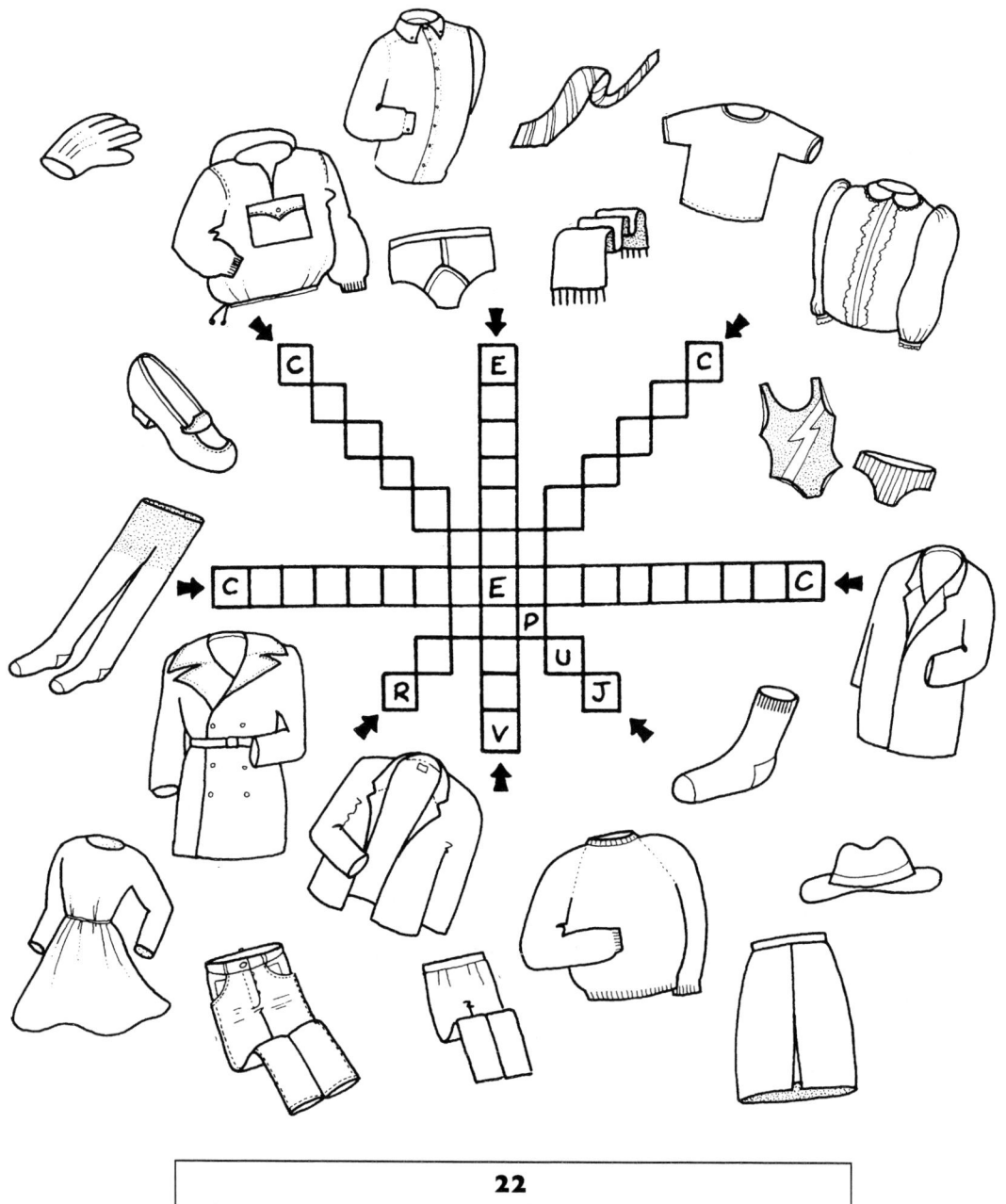

21 Dans le sac

Marie a perdu 10 vêtements dans la rue. Dans son sac, elle a quoi?

a Complète les lignes 1 à 10 de la grille avec les noms des vêtements 1 à 10.
b Identifie le mot mystère↓.

Consulte: 17 Infos: Les vêtements

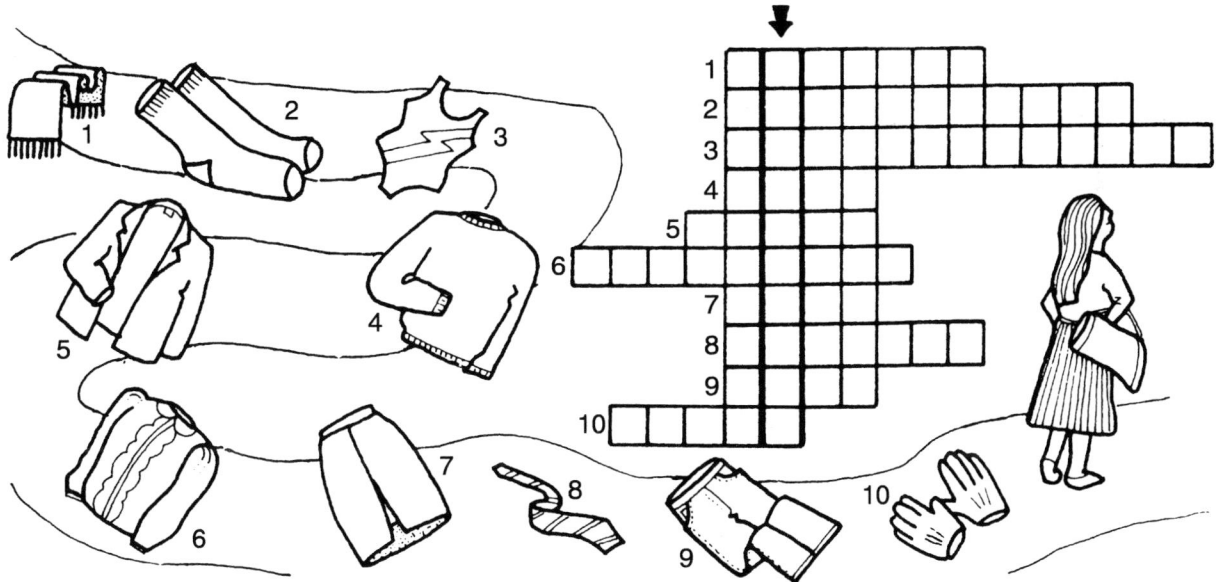

c Quel est le sac de Marie? Colorie le sac correct.

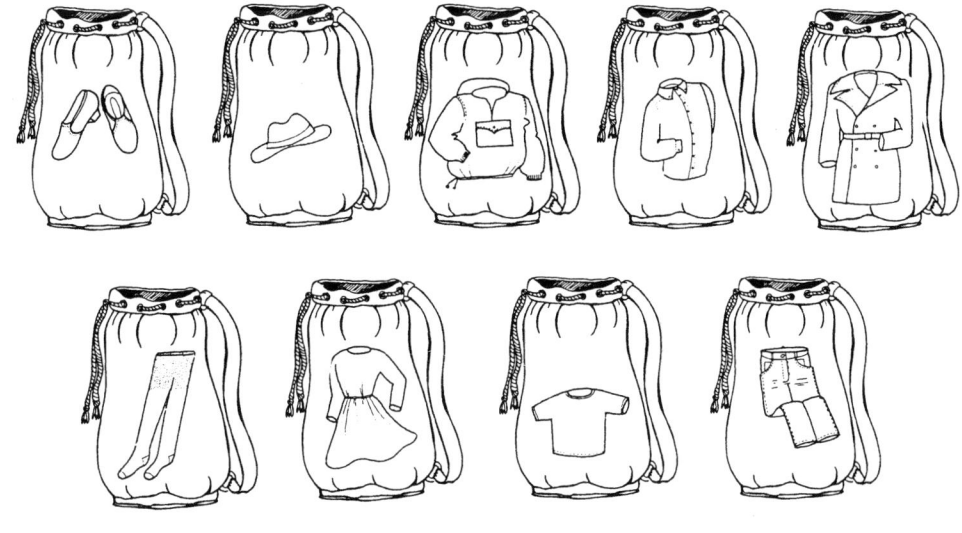

22 Mots croisés en images

Complète la grille.

Consulte: 17 Infos: Les vêtements

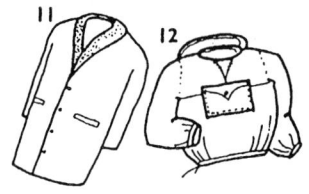

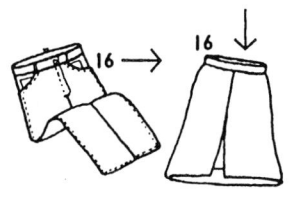

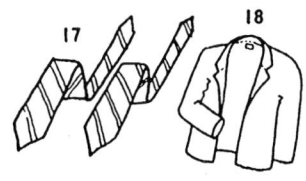

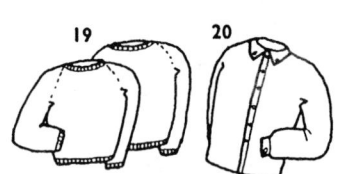

23 Le vagabond

Le vagabond a volé 8 différents vêtements.

Dessine les vêtements sur le vagabond.

Consulte: 17 Infos: Les vêtements

On m'a volé
des chausettes,
un pantalon,
une chemise,
une cravate,
un chapeau,
une veste,
une écharpe,
et des gants.

24 Vêtements en escalier

Complète la grille avec les noms des 12 vêtements.

Consulte: 17 Infos: Les vêtements

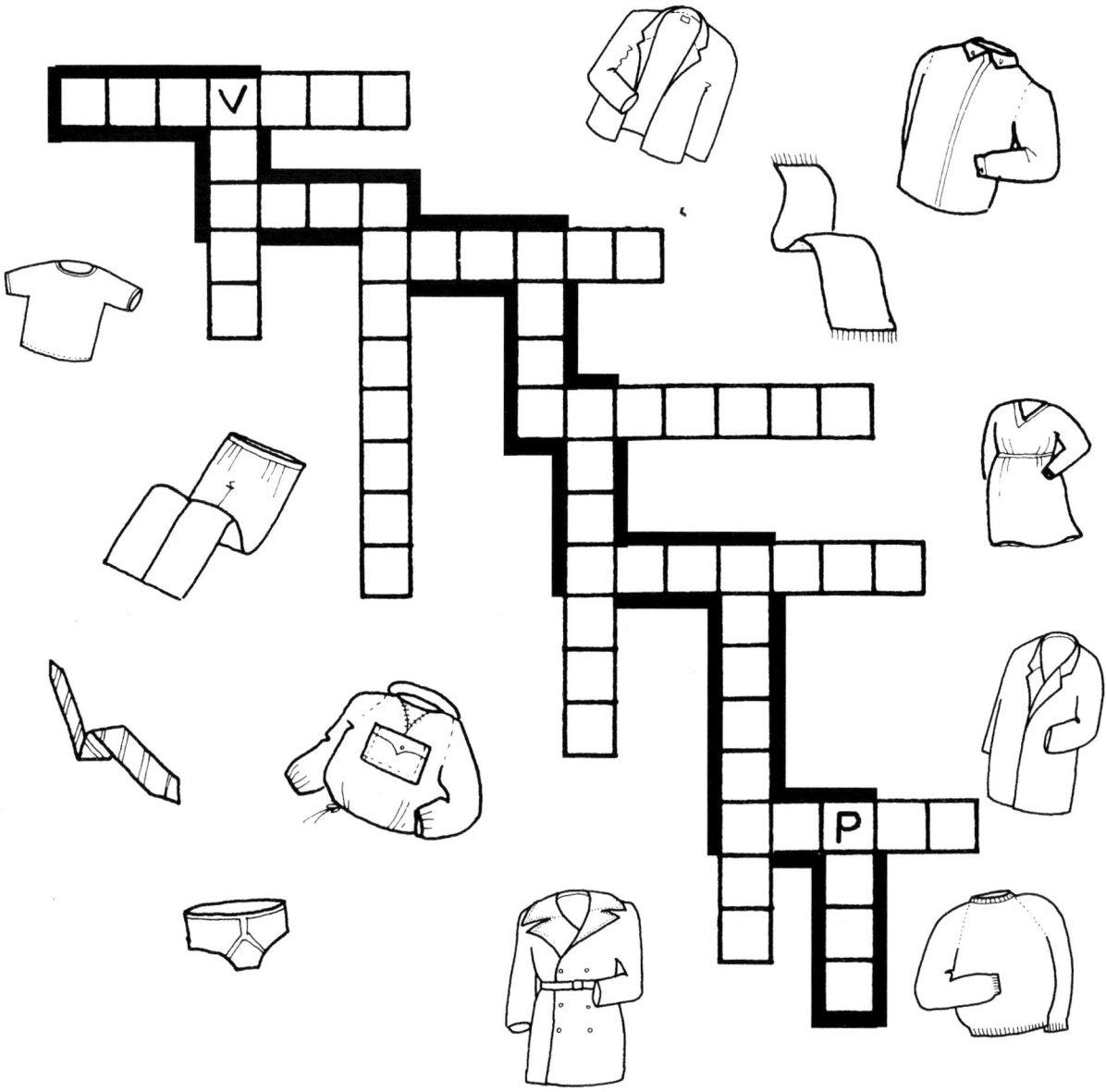

25 Publicité en puzzle

Découpe (✂) les 11 images rectangulaires.

Place-les en position sur le grand placard de publicité.

Consulte: 17 Infos: Les vêtements

26 Infos: La France

Pour activités 27 à 33.

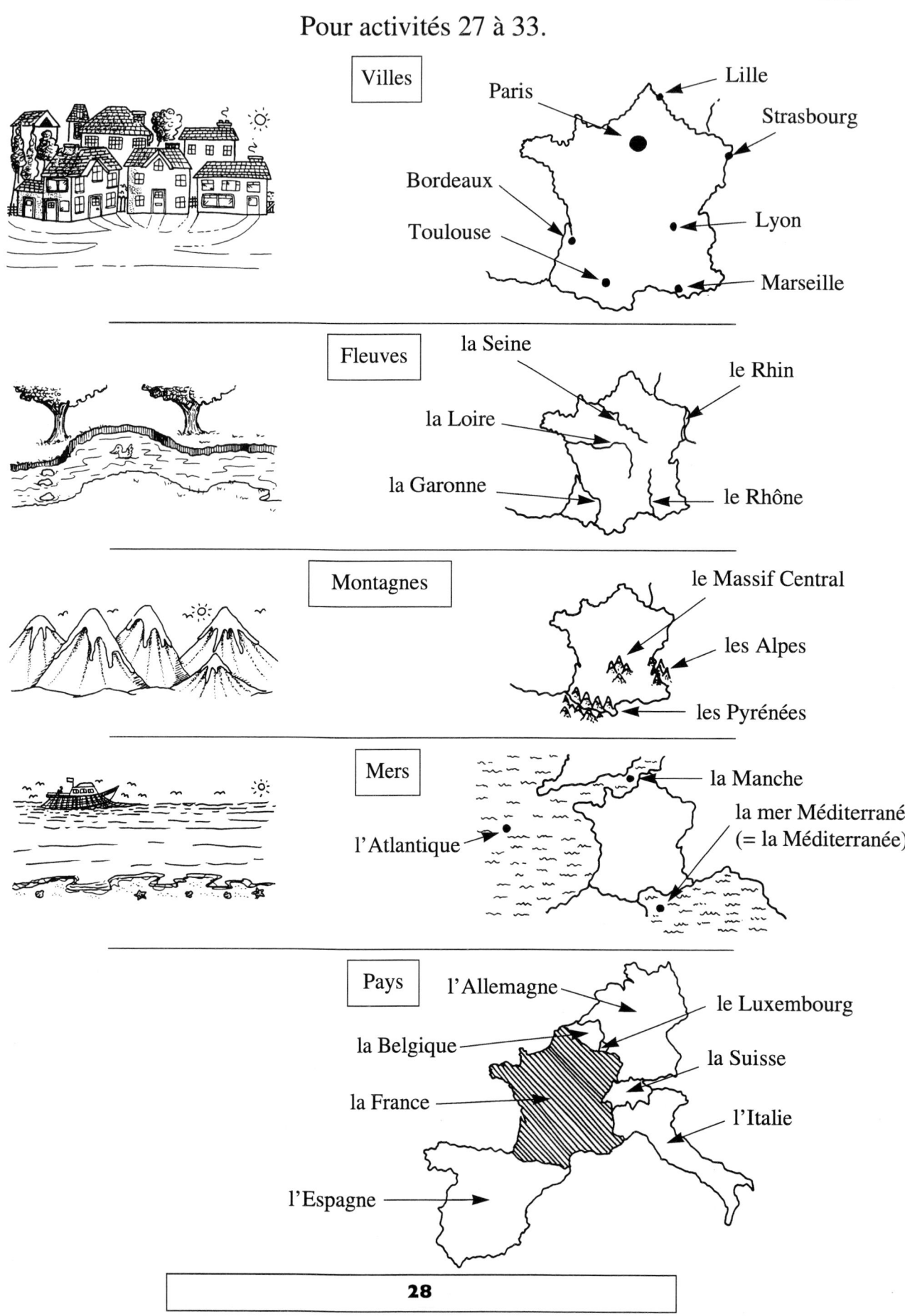

Villes

Paris
Lille
Strasbourg
Bordeaux
Lyon
Toulouse
Marseille

Fleuves

la Seine
le Rhin
la Loire
la Garonne
le Rhône

Montagnes

le Massif Central
les Alpes
les Pyrénées

Mers

la Manche
la mer Méditerranée
(= la Méditerranée)
l'Atlantique

Pays

l'Allemagne
le Luxembourg
la Belgique
la Suisse
la France
l'Italie
l'Espagne

28

27 La carte de la France

Écris les solutions des anagrammes 1 à 24 sur la carte.

Exemple: 1 AACEHLMN = 1 | LA MANCHE |

1 AACEHLMN	9 EHILNR	17 AEELLPSS
2 EILLL	10 AEILLOR	18 AEIILL'T
3 ABEEGILLQU	11 AEILSSSU	19 EEHLNRÔ
4 BEEGLLMORUUX	12 AAEILL'NQTTU	20 EEÉÉLNPRSSY
5 AAEEGLLL'MN	13 LONY	21 ELOOSTUU
6 AEEILNS	14 ABDEORUX	22 AEEILLMRS
7 AIPRS	15 AAEGLNNOR	23 AEEGL'NPS
8 ABGORRSSTU	16 AACEEFILLMNRSST	24 AADEEEÉÉILMMNRRRT

Consulte: 26 Infos: La France

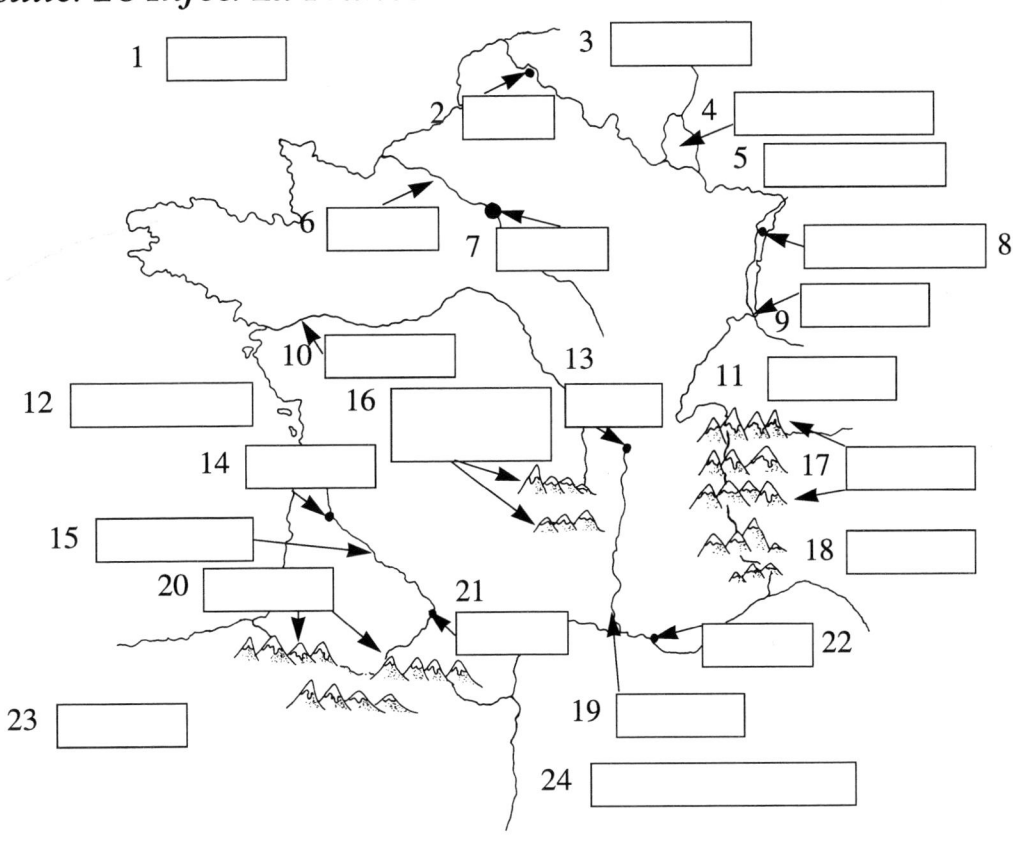

Copyright © 1996 Hodder & Stoughton

28 Nord, sud, est, ouest

a Complète les mini-grilles avec: 2 noms au nord,
                                        2 noms au sud,
                                        2 noms à l'est, et
                                        2 noms à l'ouest.

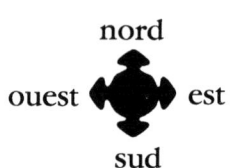

Attention: c'est le ... ? la ...? les ...?

Consulte: 26 Infos: La France

b Recopie les noms dans la liste des noms.

Liste des noms

Montagnes:

....

....

Fleuves:

....

....

....

Villes:

....

....

Mer:

....

29 L'Hexagone

'L'Hexagone', c'est un autre nom pour la France.
(La France a six côtés, comme un hexagone en mathématiques).

Complète la grille avec:

1 La mer au nord-ouest
2 Un pays au nord-est
3 Une ville à l'est
4 Un fleuve à l'ouest
5 Les montagnes au sud-ouest
6 La mer au sud-est

Attention: c'est le ...? la ...? les ...?

Consulte: 26 Infos: La France

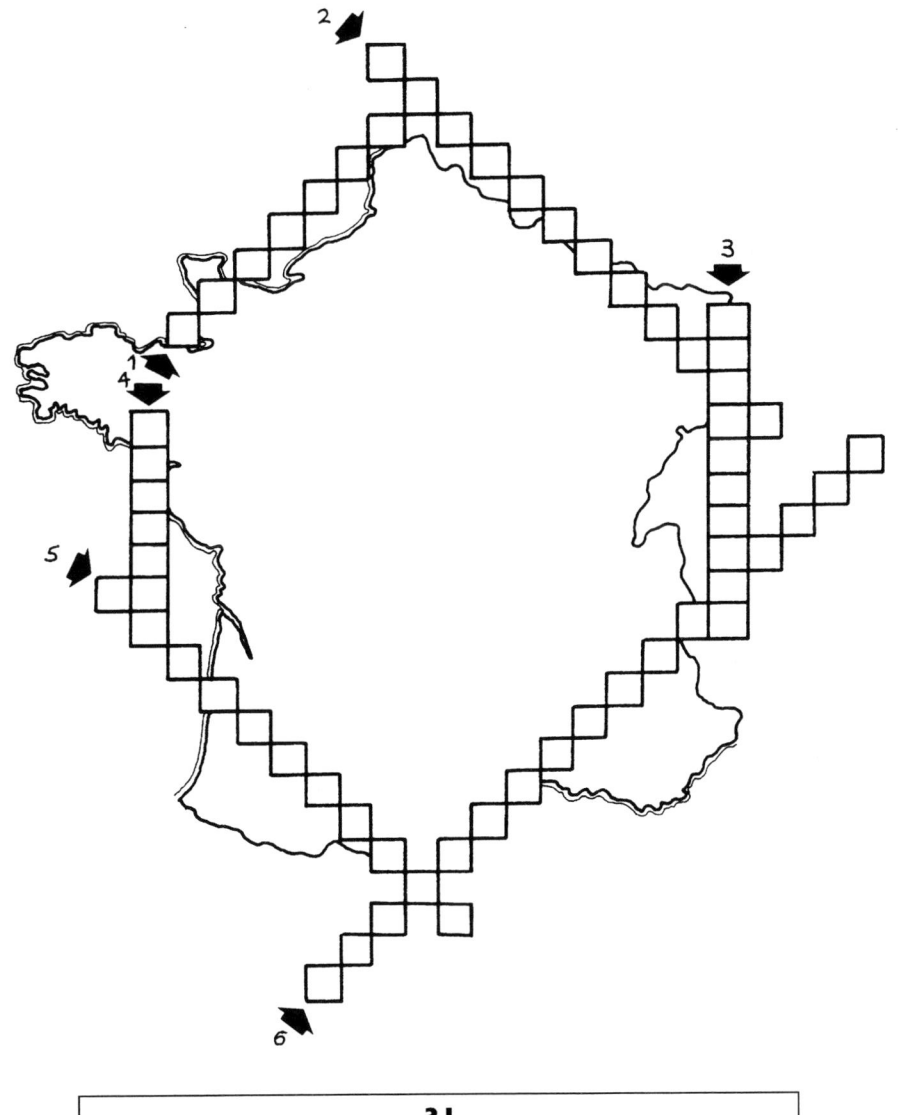

30   Mots croisés

Complète la grille.

Attention: c'est le ...?   la ...? l'... ? les ...?

Consulte: 26 Infos: La France

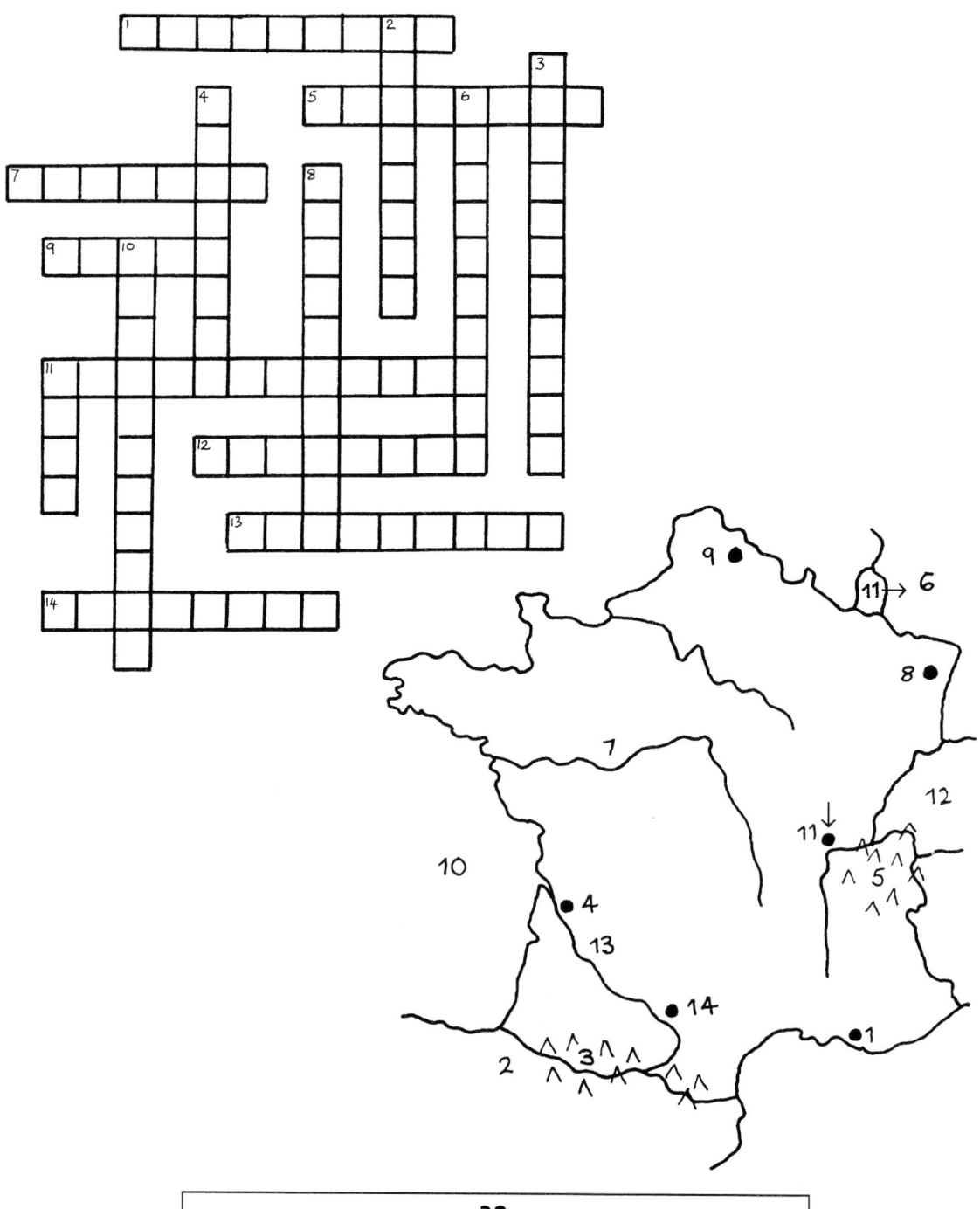

31 La carte en puzzle

a Découpe (✂) les 5 segments (▽).
b Place-les en position dans le cercle.
c Identifie les villes 1 à 7.

1 ....   2 ....

3 ....   4 ....

5 ....   6 ....

7 ....   Les 7 villes sont rangées par
ordre alphabétique?
Oui? Bravo - c'est correct!

Consulte: 26 Infos: La France

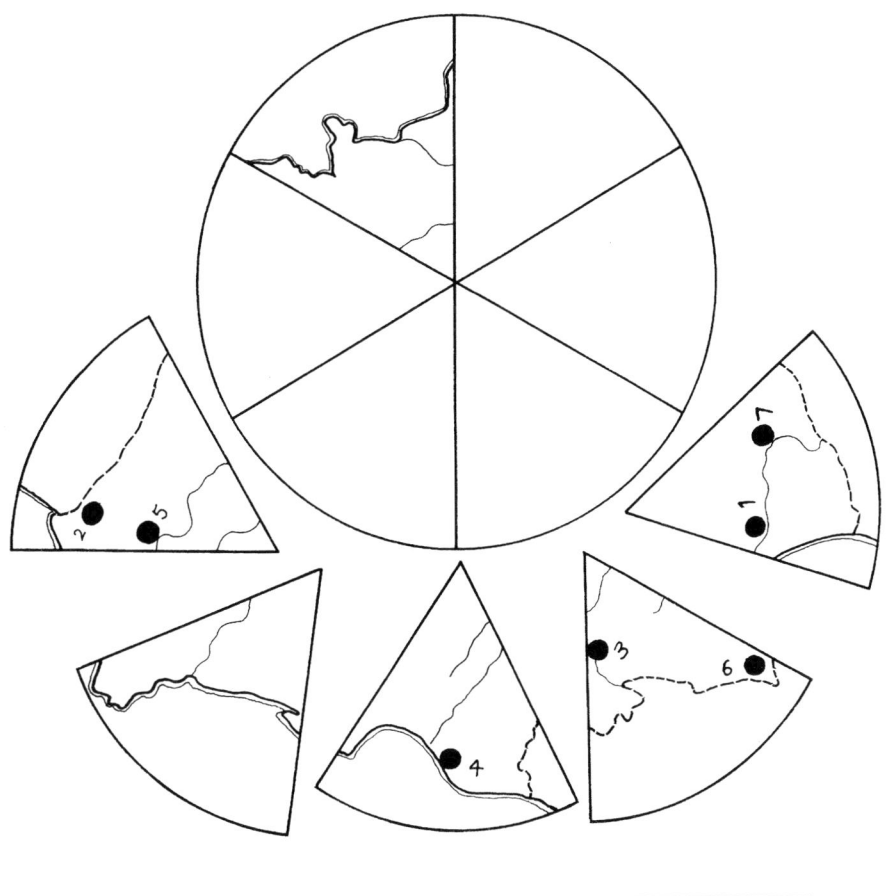

32 Devinettes

Remplace les ??? et complète la grille.

Consulte: 26 Infos: La France

nord

ouest  est

sud

Attention: 2 noms sont répétés...

Exemple:

1 La ??? est le fleuve qui va du Massif Central à l'Atlantique. = LOIRE.

2 La ??? est un petit pays au nord-est de la France.

3 L'??? est le pays au sud-est de la France en forme d'une botte.

4 L'??? est le pays au sud-ouest de la France.

5 Les ??? sont des montagnes en France, en Italie et en Suisse.

6 La Loire commence dans le ???.

7 L'??? est un pays important à l'est de la France.

8 ??? est la capitale de la France.

9 La ??? est le fleuve qui passe par Paris.

10 La ??? est un pays montagneux à l'est de la France.

11 ??? est une ville sur le Rhin.

12 Il y a un tunnel sous la ???.

13 L'??? est un pays qui touche la France, la Belgique et la Suisse.

14 Bordeaux est sur la ???.

15 Les ??? sont les montagnes entre la France et l'Espagne.

16 L'??? est l'océan à l'ouest de la France.

17 ??? est un grand port dans le sud de la France.

18 Bordeaux et ??? sont des villes sur la Garonne.

19 Les Pyrénées sont entre la France et l'???.

33 Mots croisés en puzzle

a   Remplace les ??? et complète les mini-grilles.
b   Recopie les solutions dans la grande grille.

Consulte: 26 Infos: La France

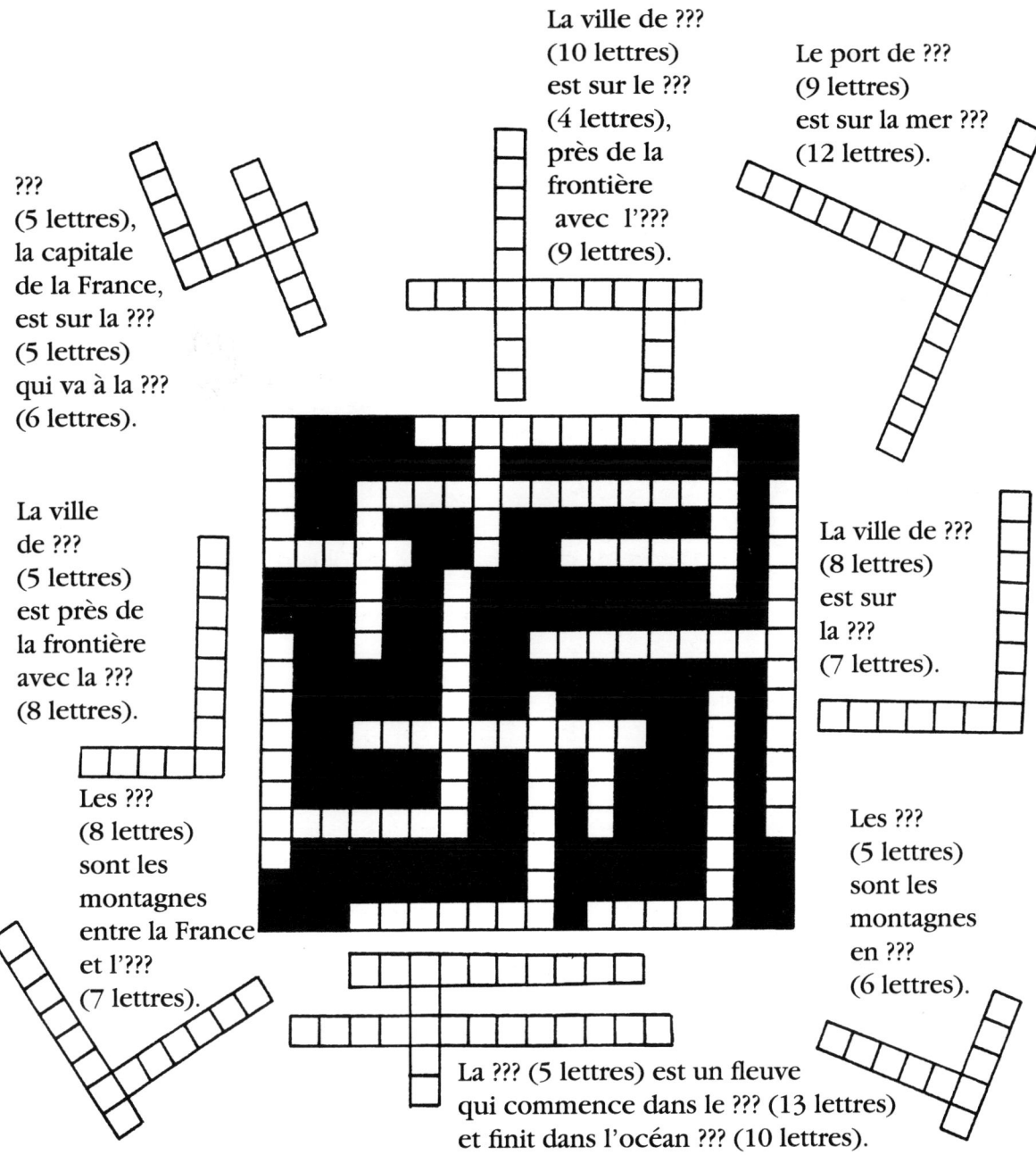

???
(5 lettres),
la capitale
de la France,
est sur la ???
(5 lettres)
qui va à la ???
(6 lettres).

La ville de ???
(10 lettres)
est sur le ???
(4 lettres),
près de la
frontière
avec l'???
(9 lettres).

Le port de ???
(9 lettres)
est sur la mer ???
(12 lettres).

La ville
de ???
(5 lettres)
est près de
la frontière
avec la ???
(8 lettres).

La ville de ???
(8 lettres)
est sur
la ???
(7 lettres).

Les ???
(8 lettres)
sont les
montagnes
entre la France
et l'???
(7 lettres).

Les ???
(5 lettres)
sont les
montagnes
en ???
(6 lettres).

La ??? (5 lettres) est un fleuve
qui commence dans le ??? (13 lettres)
et finit dans l'océan ??? (10 lettres).

34 Infos: Du shopping

Pour activités 35 à 42.

Magasins:	Exemples de marchandises:		
une alimentation = une épicerie	vend des fruits	et des légumes	
une boucherie	du boeuf	de l'agneau	
une charcuterie	du jambon	du saucisson	
une boulangerie	du pain	des croissants (un croissant)	
une pâtisserie	des gâteaux (un gâteau)	des tartes (une tarte)	
une confiserie	des bonbons (un bonbon)	des glaces (une glace)	
une pharmacie	de l'aspirine	du dentifrice	
une librairie	des livres (un livre)	des magazines (un magazine)	
un tabac	des allumettes (une allumette)	des timbres (un timbre)	
un grand magasin	des vêtements	des disques (un disque)	

35 Mots croisés en images

Complète la grille avec:
- les noms des articles sur les dessins (exemple: ALLUMETTES)
- ou le nom des magasins (exemple: TABAC).

Consulte: 34 Infos: Du shopping

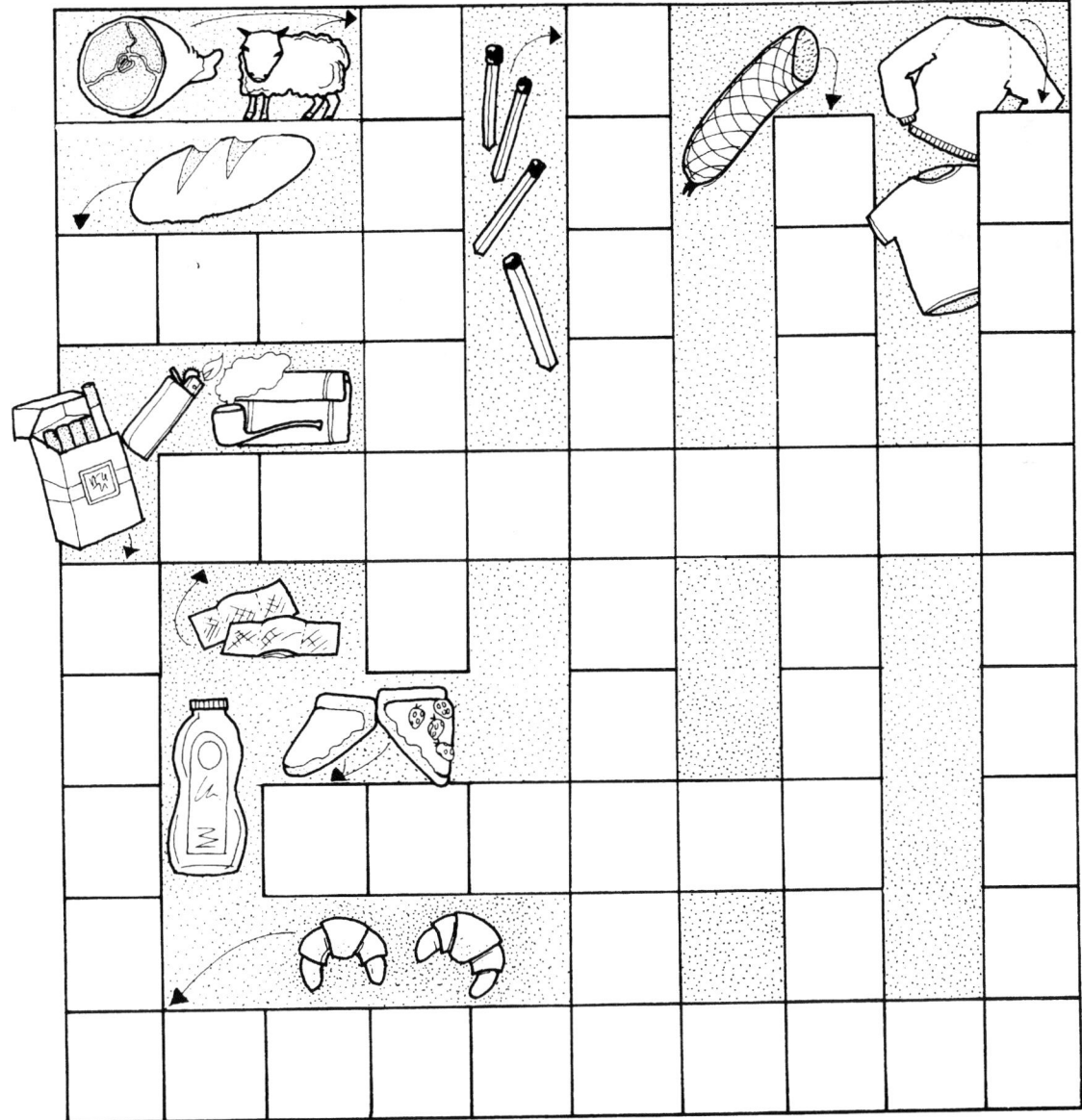

36 Dans les sacs

a Regarde l'exemple.
b Consulte *34 Infos: Du shopping* et forme six autres mots.
   Commence par un, une ou des.
c Dessine les articles.

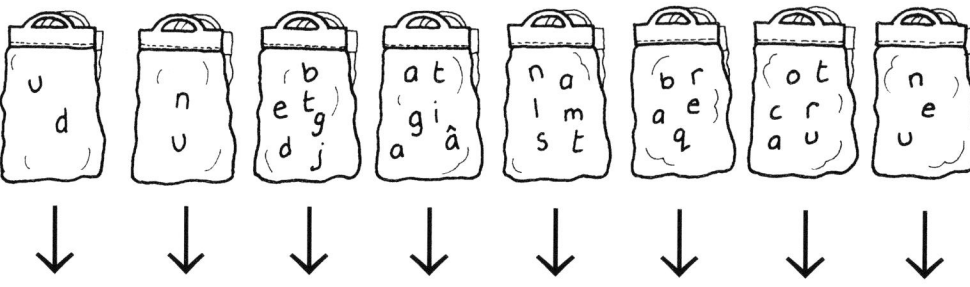

Exemple:

    u   n   b   o   n   b   o   n

1 __ __ __ __ __ __ __ __

2 __ __ __ __ __ __ __ __

3 __ __ __ __ __ __ __ __

4 __ __ __ __ __ __ __ __

5 __ __ __ __ __ __ __ __

6 __ __ __ __ __ __ __ __

37   Du shopping en hexagones

a   Regarde les images au centre des hexagones.
   Identifie-les. Il y a 7 mots à 6 lettres.
b   Écris les lettres dans les cercles,
   dans la direction de la flèche (→ ou ←).
   (1 cercle – 1 lettre).

Consulte: 34 Infos: Du shopping

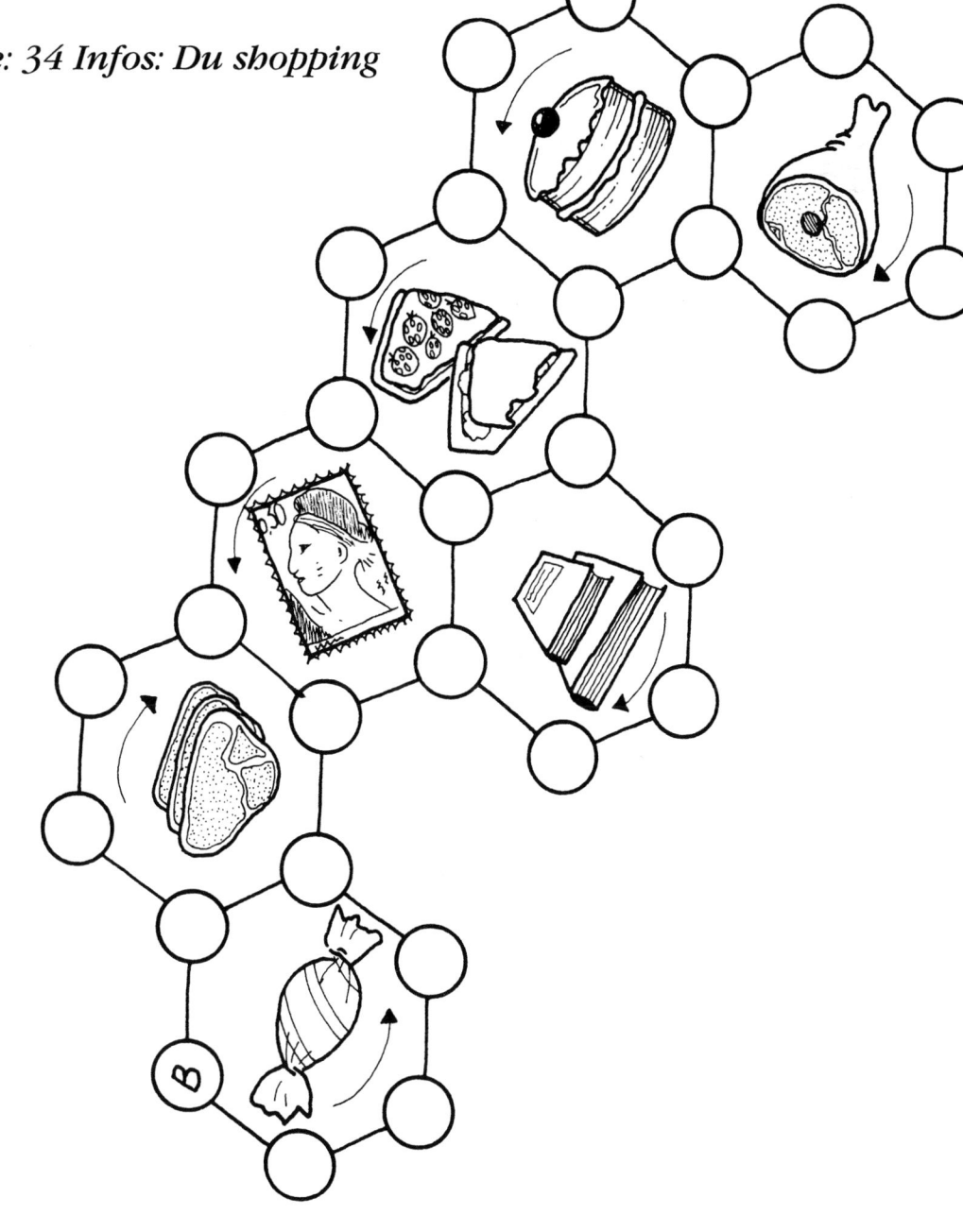

Nom ....

38 L'article mystère

a Trouve une place sur la grille pour les dessins: 4 magasins
   + 10 articles.
   Idée: utilise un crayon et une gomme.
   Attention: un mot est répété.
b Identifie l'article mystère ↓.

Consulte: 34 Infos: Du shopping

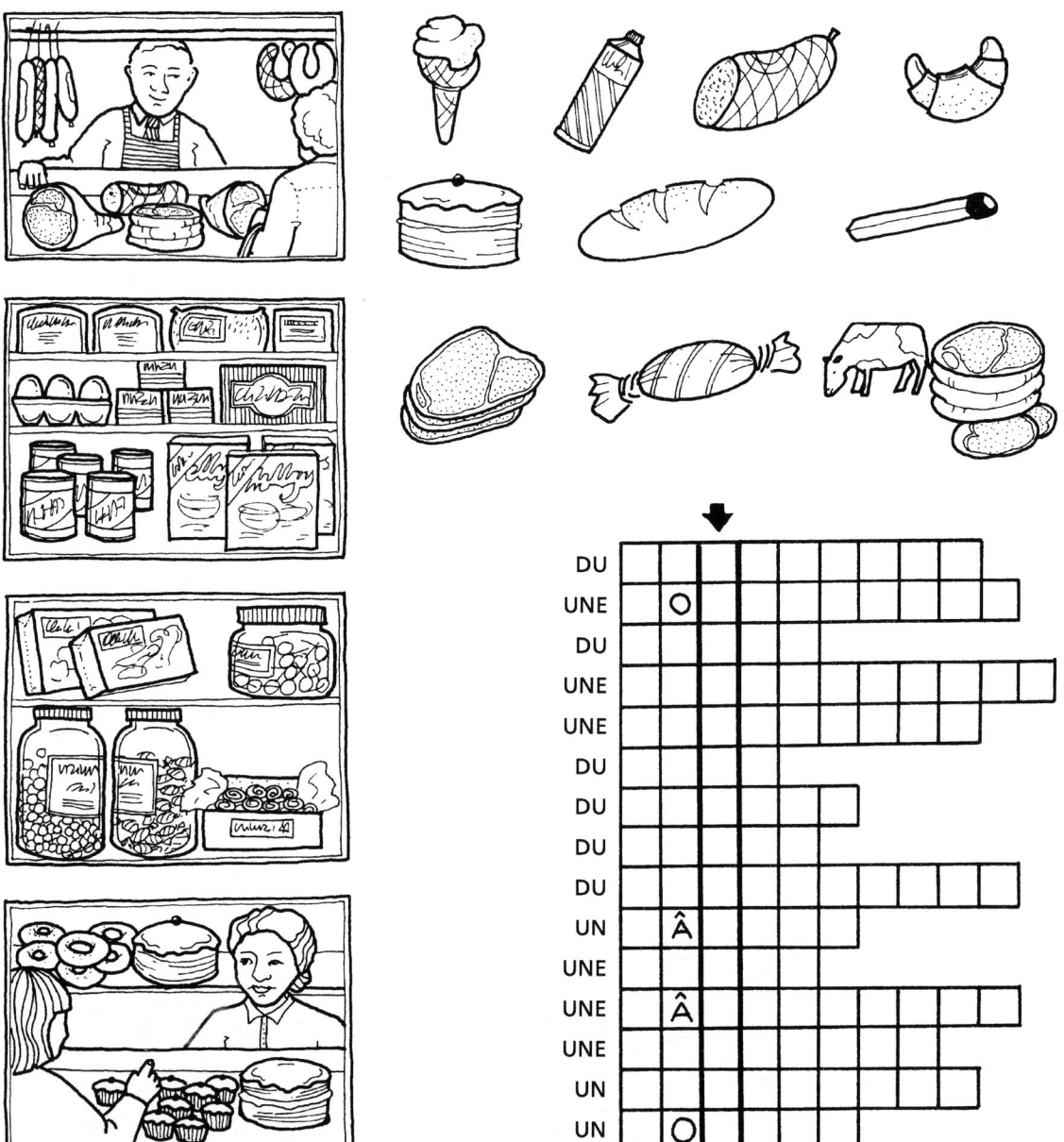

39 Des magasins

a Écris les noms des magasins dans les grandes cases (T A B A C).
   Attention: en France, on combine certains magasins.
   Exemples: une boucherie-charcuterie,
             une boulangerie-pâtisserie ou
             une pâtisserie-confiserie.
b Écris les noms des articles dessinés dans les magasins dans
   les petites cases (P A I N).

Consulte: 34 Infos: Du shopping

40 Le shopping en labyrinthe

a   Commence à l'ENTRÉE et continue vers le centre.
     Tu passes les lettres: | E | | | | | | | | |

b   Place les lettres dans l'ordre, et voilà le nom d'un magasin.

c   Va à l'image qui représente ce magasin.

d   Continue jusqu'à la SORTIE.

Consulte: 34 Infos: Du shopping

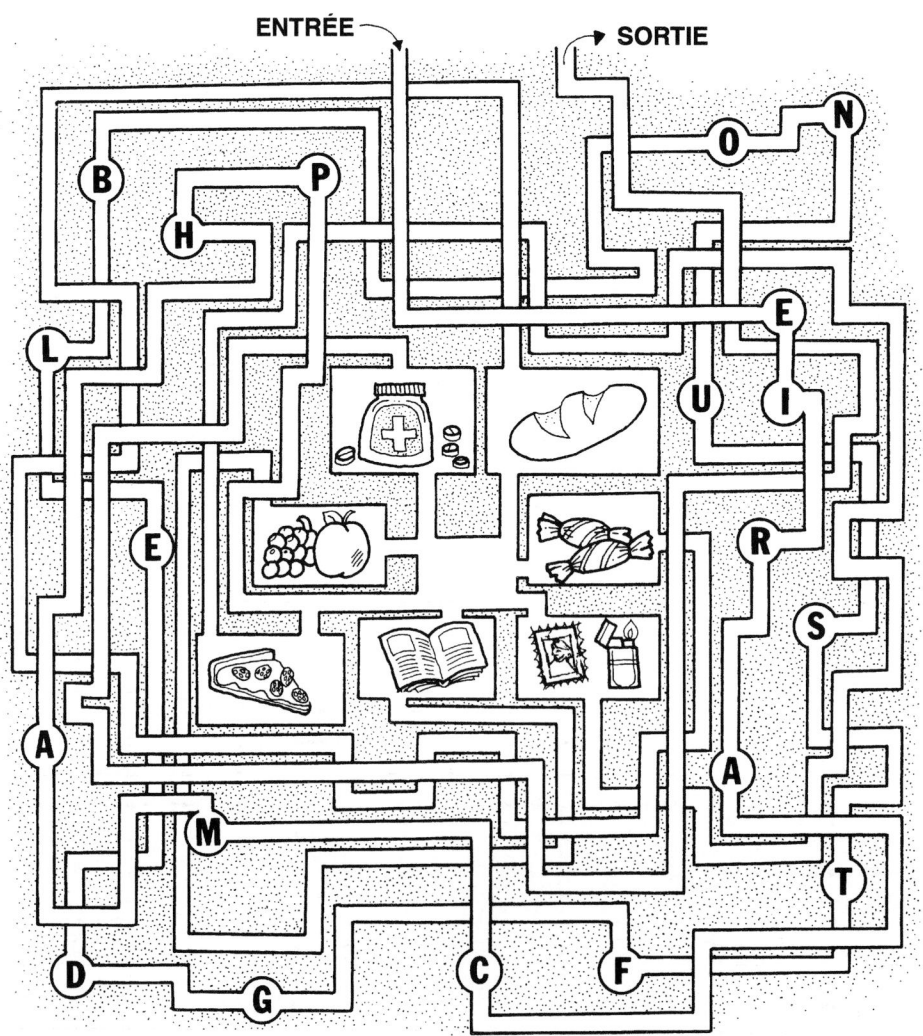

41 Place les mots

Place ces mots dans la grille.

Consulte: 34 Infos: Du shopping

4 lettres
pain

5 lettres
boeuf
tarte
tabac
livre
glace

6 lettres
fruits
bonbon
jambon
agneau
gâteau

disque

7 lettres
timbres
légumes

8 lettres
aspirine
magazine
épicerie

9 lettres
librairie
boucherie
allumette
pharmacie
croissant

vêtements
saucisson

10 lettres
pâtisserie
confiserie
dentifrice

11 lettres
charcuterie
boulangerie

12 lettres
alimentation
grand magasin

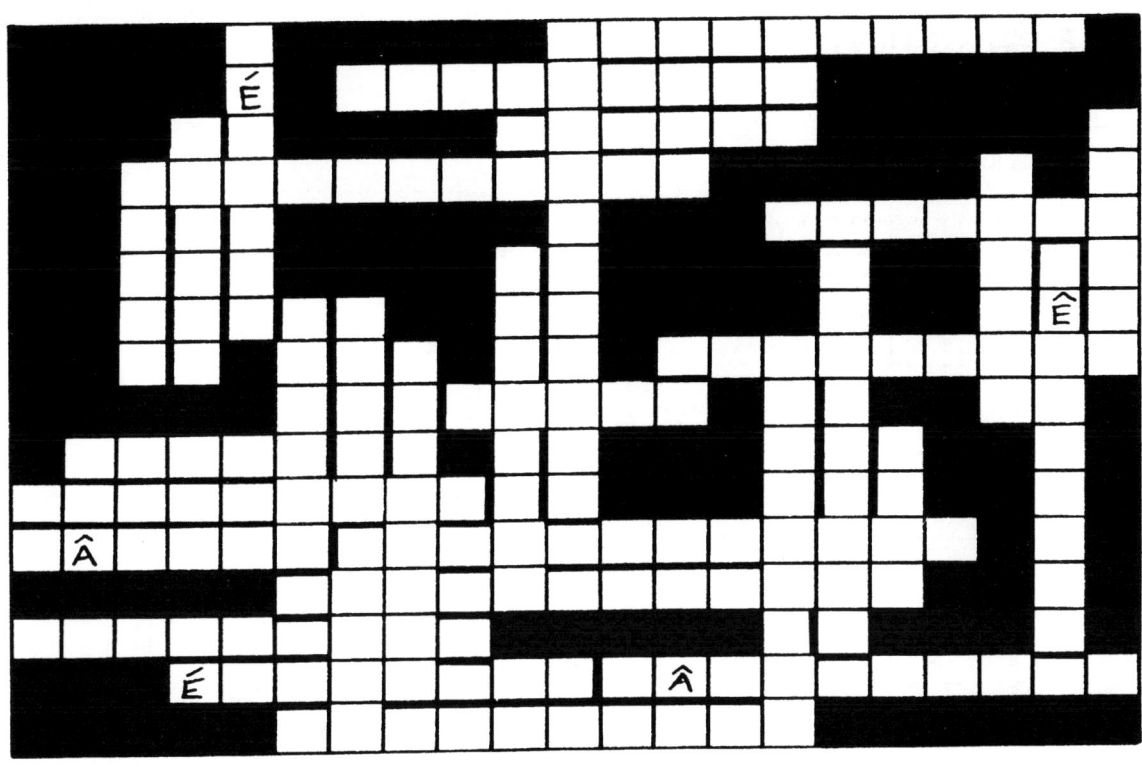

42 Jeu de code

a Écris l'initiale des dessins. Exemple: = un gâteau = G

b Décide: que représente le signe ● ?

c Et les autres signes? 1 signe = 1 lettre de l'alphabet
d Identifie les mots 1 à 12.
Attention: E et É sont différents.

Consulte: 34 Infos: Du shopping

1 =

2 =

3 =

4 =

5 =

6 =

7 =

8 =

9 =

10 =

11 =

12 =

44

43 Infos: Manger et boire

Pour activités 44 à 50.

du pain

du beurre

de la confiture

de la viande

du poulet

du poisson

du sucre

un sandwich

du fromage

des fruits:

une banane

une pêche

des bananes

des pêches

une fraise

une poire

des fraises

des poires

une orange

une pomme

des oranges

des pommes

des légumes:

une pomme de terre

une carotte

des carottes

des tomates

un oignon

des frites

une frite

des pommes de terre

une tomate

des oignons

des boissons:

du thé

du lait

du café

de l'eau

de la limonade

du vin

un Orangina

une bière

des repas:

le petit déjeuner

le déjeuner

le dîner

44 Mots croisés en images

Complète la grille.

Consulte: 43 Infos: Manger et boire

45 Anagrammes au menu

Le chef de cuisine a les lettres pour 3 repas.

a   Place les lettres dans le bon ordre sur les trois panneaux.

Consulte: 43 Infos: Manger et boire

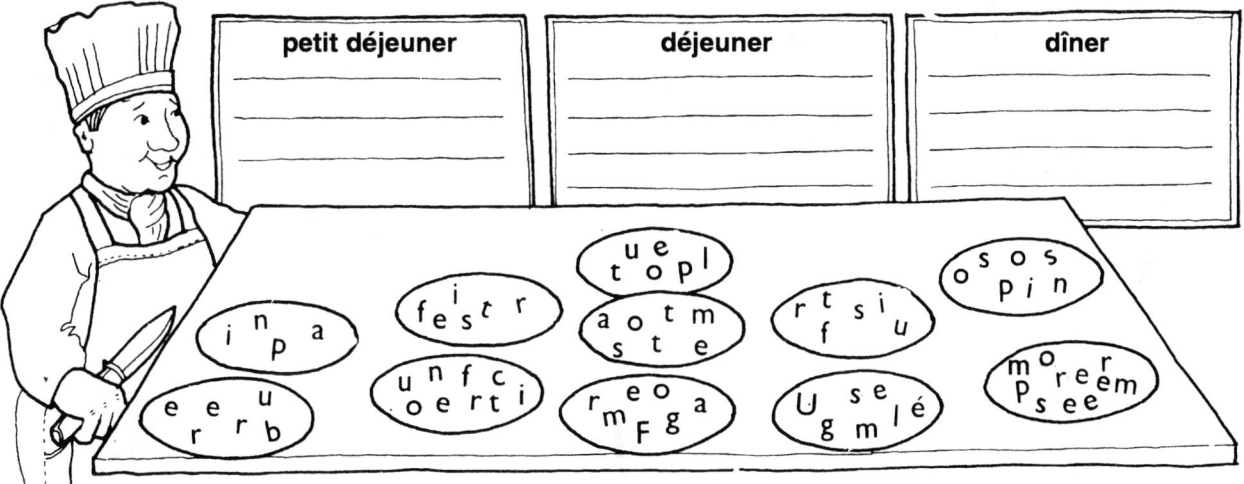

petit déjeuner	déjeuner	dîner

b   Dessine les plats. Exemple:

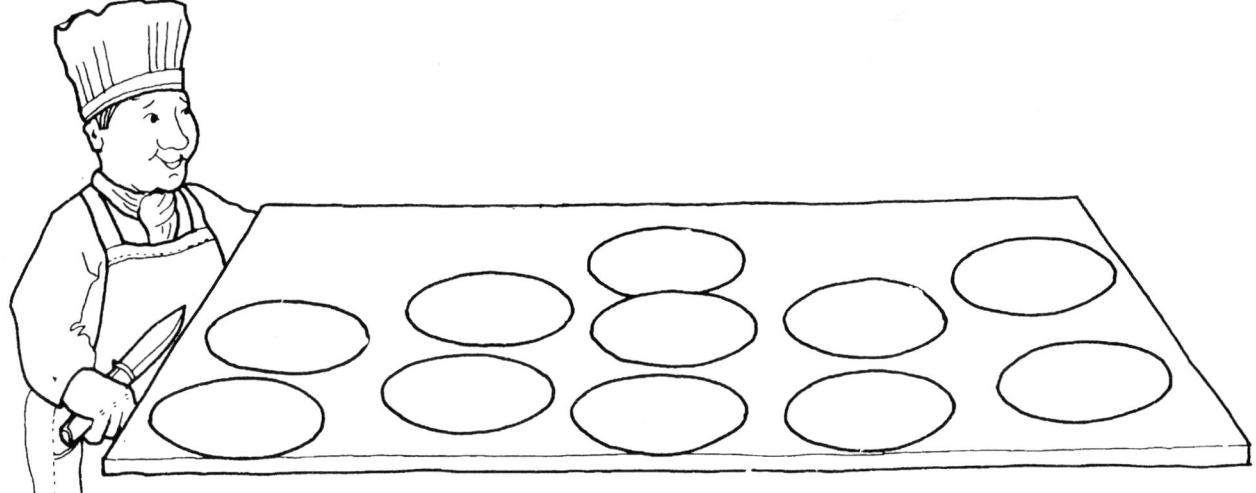

46 L'objet-mystère absent

a Regarde le dessin et la grille.
b Compte les choses à manger et à boire.
c Complète la grille.  = un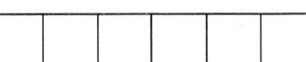
   Exemple:
d Identifie l'objet-mystère▼, absent de la cuisine.

Consulte: 43 Infos: Manger et boire

sept
neuf
trois
huit
six
cinq
un
deux
quatre

Copyright © 1996 Hodder & Stoughton

47 Et Jean?

a Anne voudrait quoi, au restaurant? Écris le mot: C _ _ ☐ _ _ _ _

b Et Bernard? Claire? David? Élisabeth? Fatima? Georges?
   Henriette?

c Et Jean voudrait quoi?
   C'est une anagramme des lettres en cases (☐).

Consulte: 43 Infos: Manger et boire

48 Trois repas

a Regarde les repas sur les tables.

Écris le nom du repas dans les grandes cases.

Exemple: L E

b Complète les petites cases avec les autres choses
à manger et à boire sur la table.

Attention: commence par un, une, du, de la, de l', des ou
le.

Exemple: 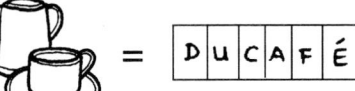 = D U C A F É

Consulte: 43 Infos: Manger et boire

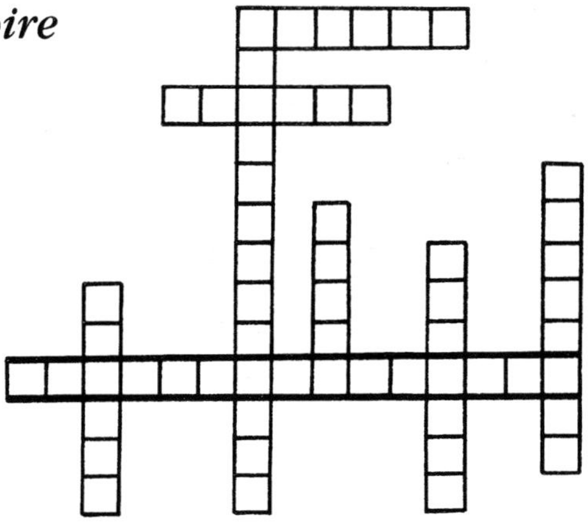

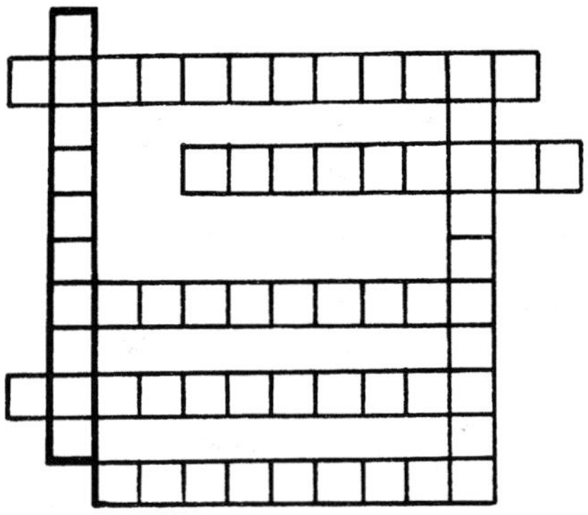

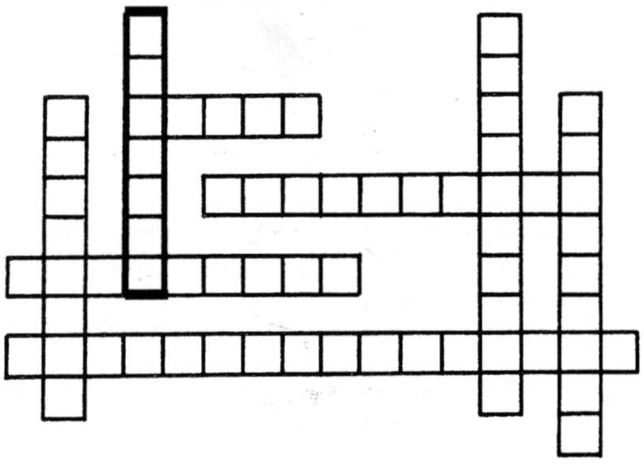

49 'Du' shopping

a Commence à l'ENTRÉE et collectionne les objets en du ...
  Si c'est du, tu entres. Si c'est de la, de l' ou des, tu n'entres
  pas.

Exemples: du beurre de la confiture

b Écris une liste des du ... que tu collectionnes.

Consulte: 43 Infos: Manger et boire

Liste

du ....

du ....

du ....

du ....

du ....

du ....

du ....

du ....

du ....

du ....

Tu retournes à la
SORTIE? Oui? Ta liste
est par ordre alphabétique? Oui? Alors, tu as la solution. Bravo!

50 Jeu de code

a Écris l'initiale des dessins. Exemple: 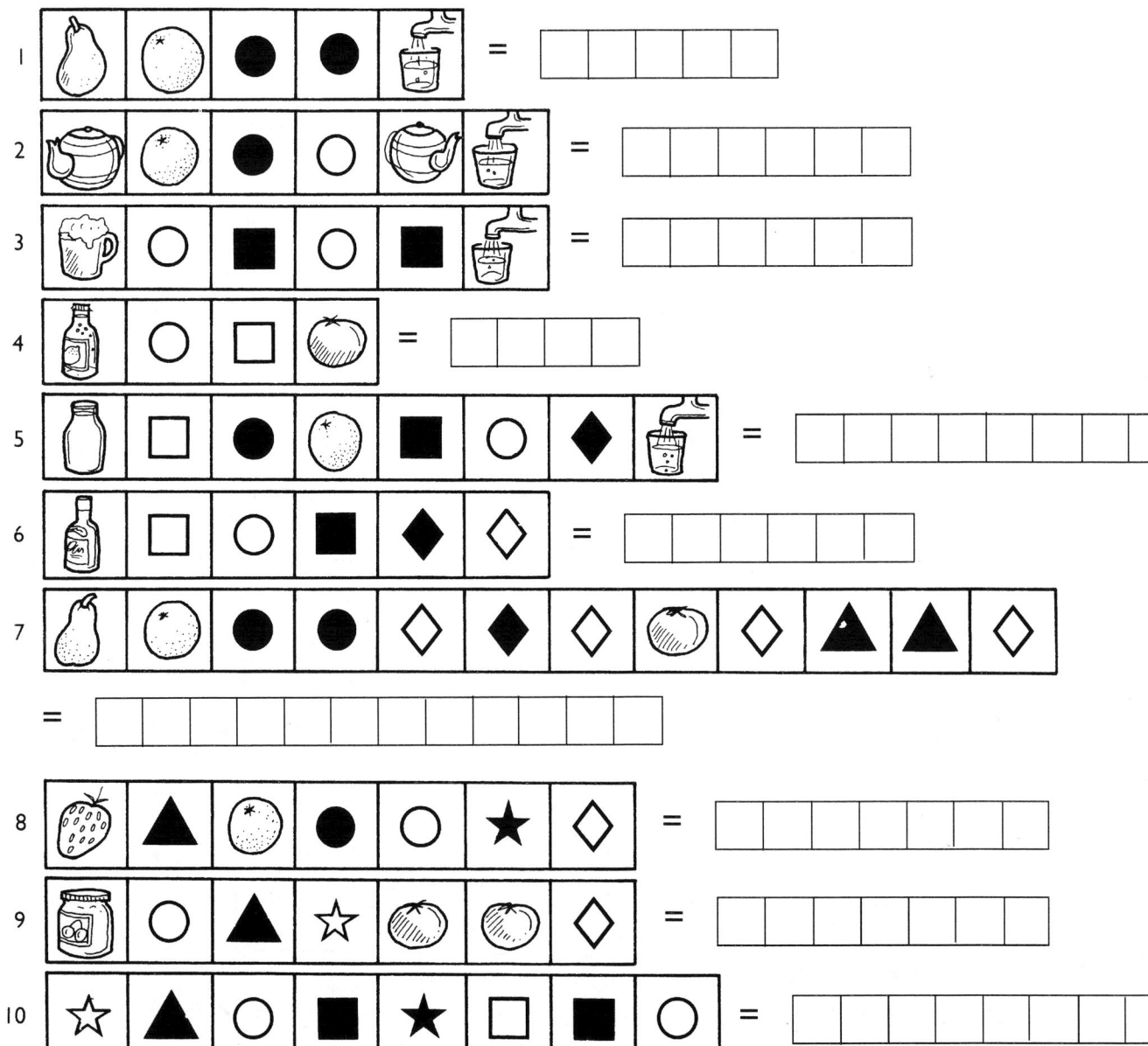 = une poire = P

b Décide: que représente le signe ● ?

c Et les autres signes?   1 signe = 1 lettre de l'alphabet
d Identifie les mots 1 à 10.

Consulte: 43 Infos: Manger et boire

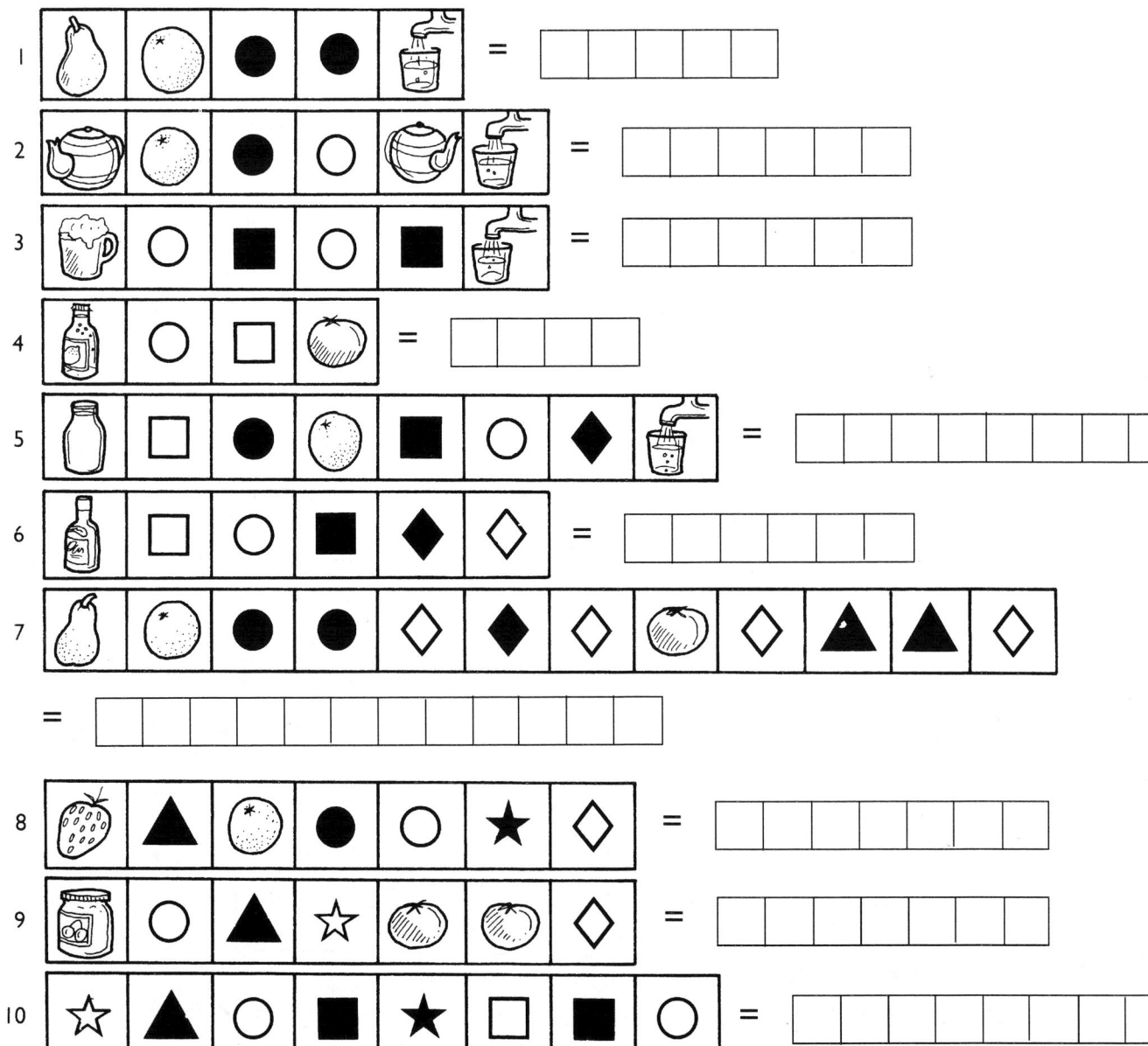

La salle de classe: solutions

2 À l'école primaire

3 Tout pour la rentrée

4 Mots fléchés

5 L'objet-mystère absent

sept	G O M M E S
trois	C A R T E S
huit	R È G L E S
quatre	F E N Ê T R E S
neuf	L I V R E S
six	T A B L E S
un	P R O F E S S E U R
deux	P O R T E S
dix	C A H I E R S
onze	S T Y L O S
douze	C R A Y O N S
cinq	C H A I S E S

La salle de classe: solutions

6 Mots à 5 lettres

L'ordre 1 à 6 n'est pas important.

1. L I V R E
2. S T Y L O
3. P O R T E
4. T A B L E
5. C O M M E
6. C R A I E

7 Place les mots

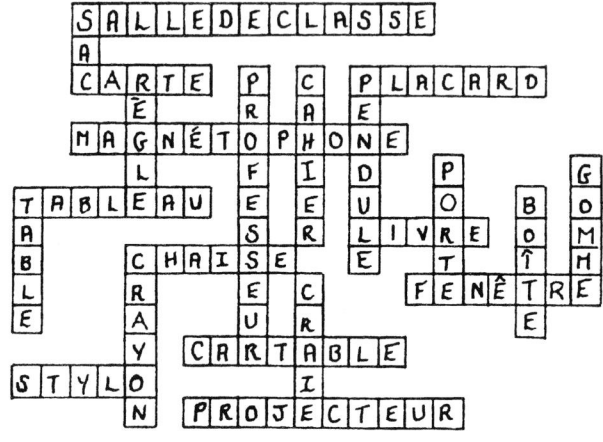

8 Et Georges?

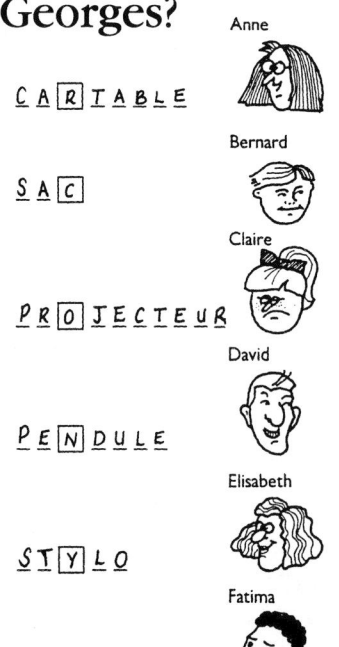

C A R T A B L E

S A C

P R O J E C T E U R

P E N D U L E

S T Y L O

C R A I E

C R A Y O N

Anne
Bernard
Claire
David
Elisabeth
Fatima
Georges

9 Jeu de code

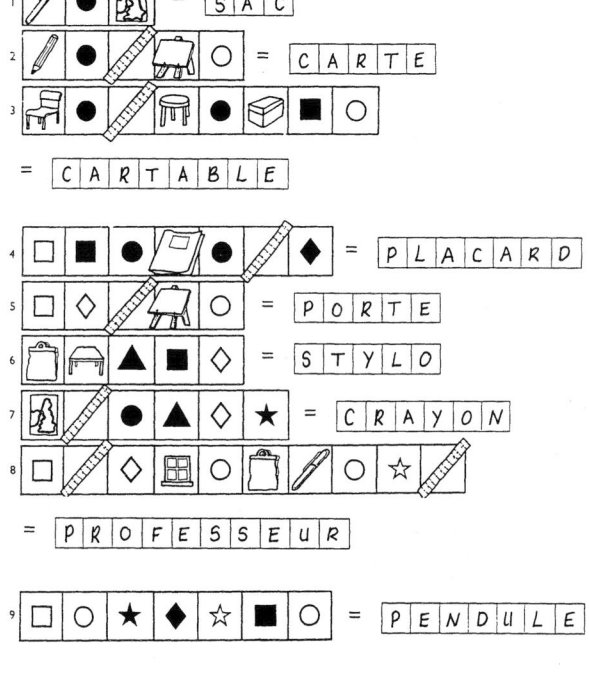

1. = S A C
2. = C A R T E
3. = C A R T A B L E
4. = P L A C A R D
5. = P O R T E
6. = S T Y L O
7. = C R A Y O N
8. = P R O F E S S E U R
9. = P E N D U L E

À la maison: solutions

11 Déménagements

12 Identifie l'objet secret

13 Mots croisés en images

14 Le nouveau magasin

la cuisine le garage

la salle à manger

la salle de bains

le séjour

la chambre

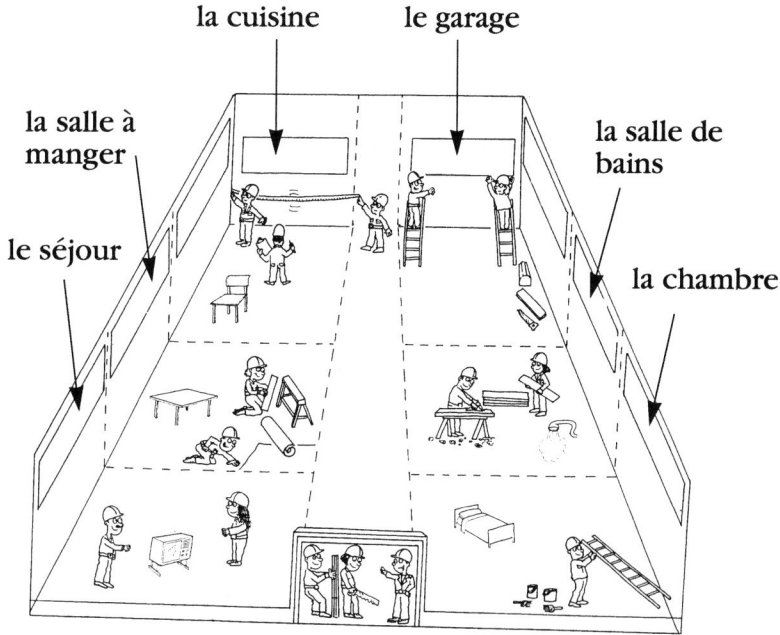

À la maison: solutions

15 Mots croisés en puzzle

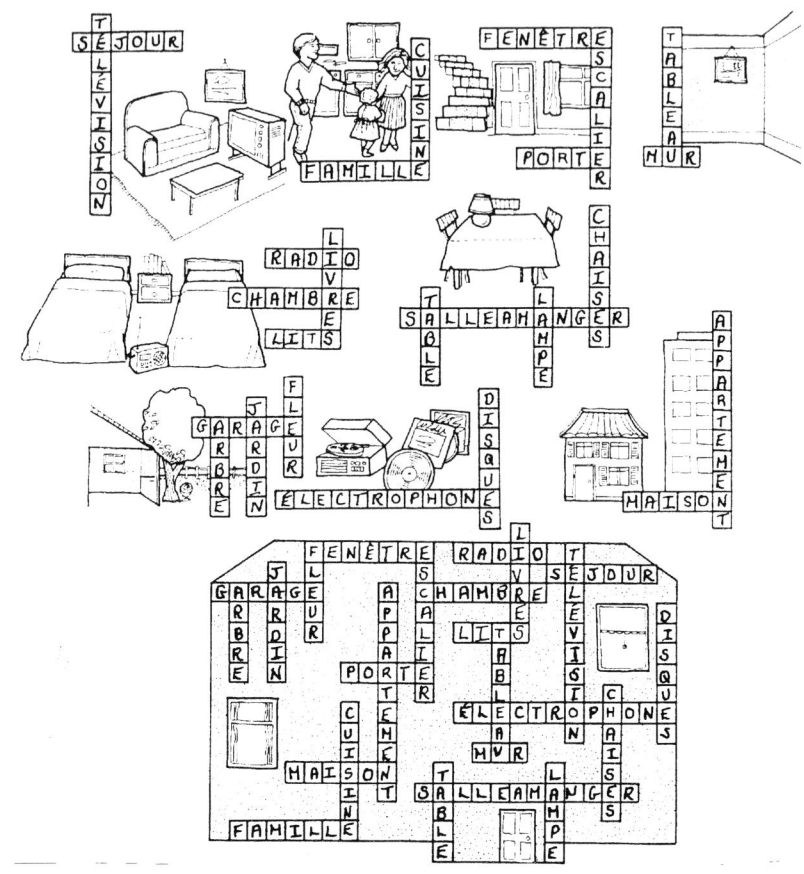

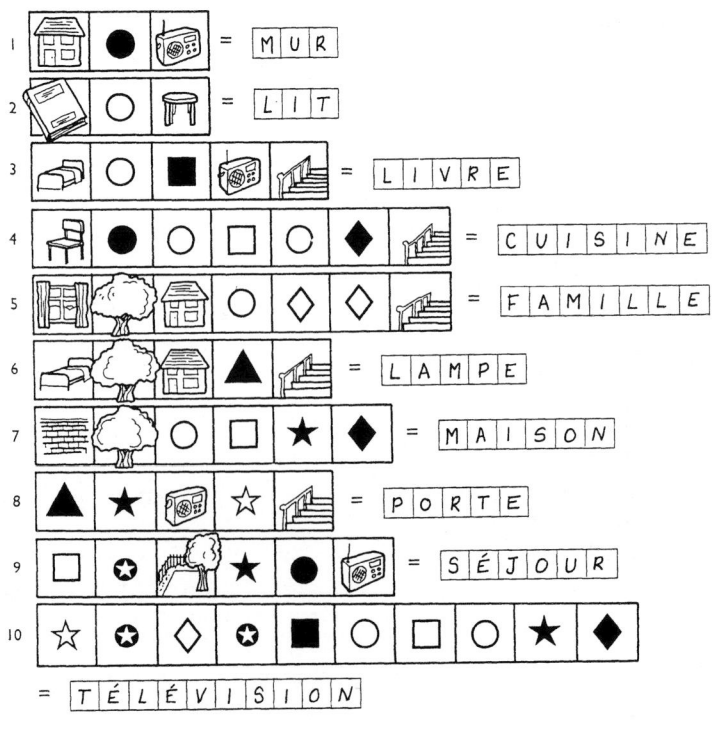

16 Jeu de code

1. = MUR
2. = LIT
3. = LIVRE
4. = CUISINE
5. = FAMILLE
6. = LAMPE
7. = MAISON
8. = PORTE
9. = SÉJOUR
10. = TÉLÉVISION

Les vêtements: solutions

18 Au magasin de vêtements

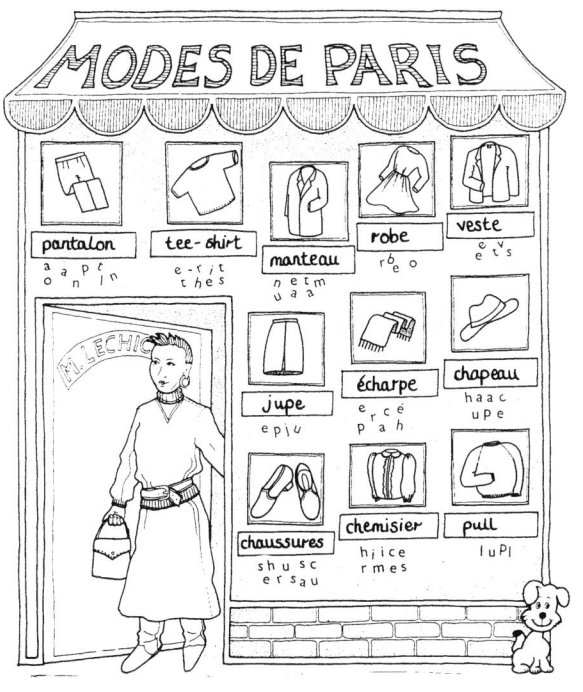

19 Vêtement mystère

Liste des vêtements

Dans la boîte numéro 1, il y a des CHAUSSETTES

Dans la boîte numéro 2, il y a des PANTALONS

Dans la boîte numéro 3, il y a des JEANS

Dans la boîte numéro 4, il y a des ÉCHARPES

Dans la boîte numéro 5, il y a des ROBES

Dans la boîte numéro 6, il y a des ÉCHARPES

Dans la boîte numéro 7, il y a des CHEMISES

Et dans la boîte numéro 8, il y a un MANTEAU

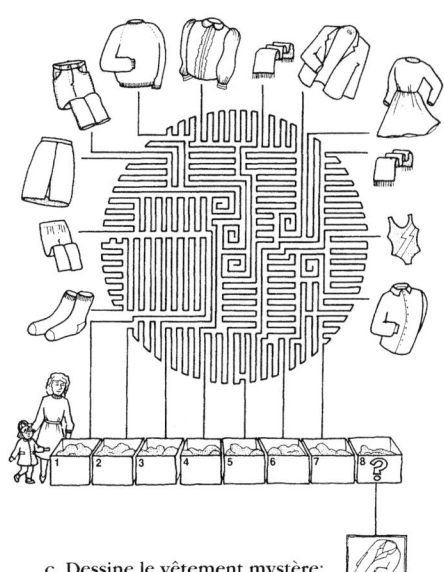

c Dessine le vêtement mystère:

20 Vêtements en étoile

21 Dans le sac

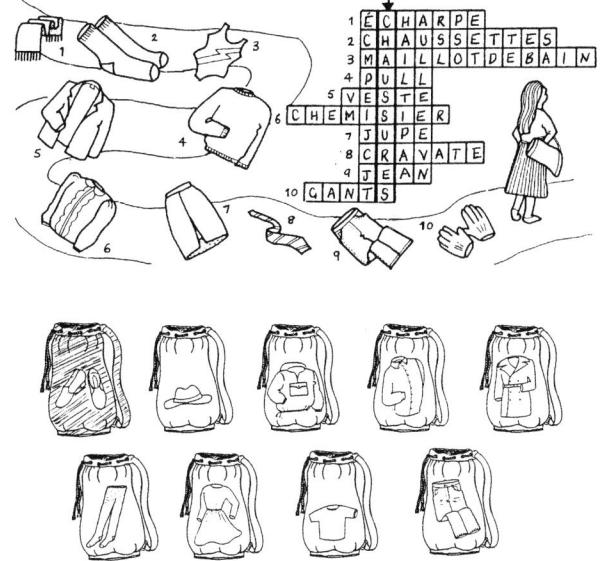

Les vêtements: solutions

22 Mots croisés en images

23 Le vagabond

24 Vêtements en escalier

25 Publicité en puzzle

La France: solutions

27 La carte de la France

28 Nord, sud, est, ouest

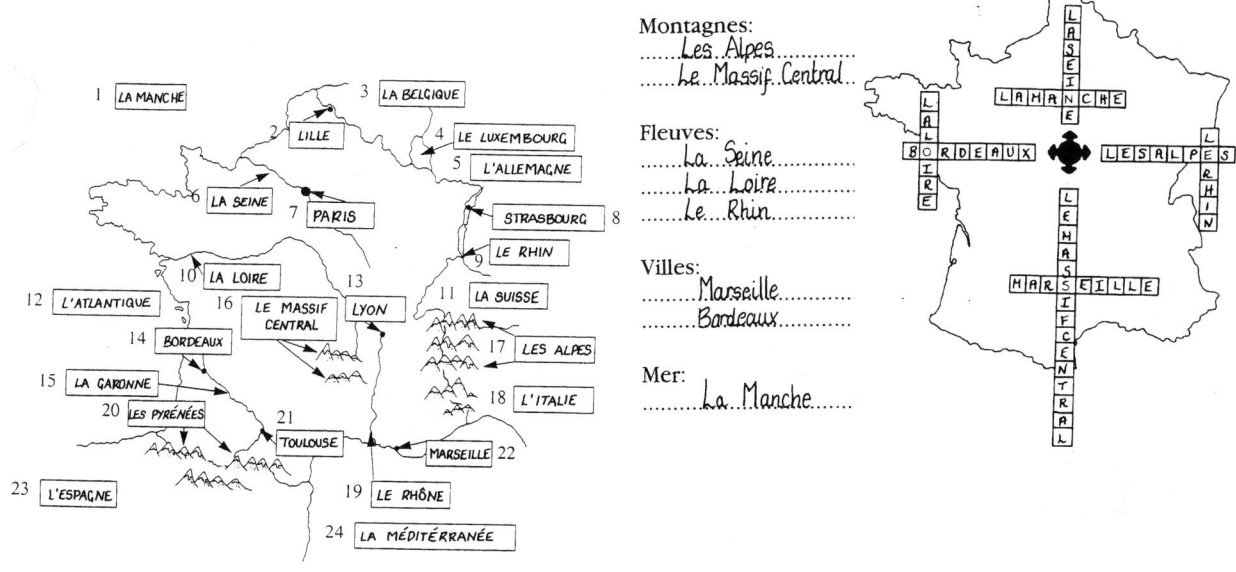

Montagnes:
...... Les Alpes ....
...... Le Massif Central ....

Fleuves:
...... La Seine ....
...... La Loire ....
...... Le Rhin ....

Villes:
...... Marseille ....
...... Bordeaux ....

Mer:
...... La Manche ....

29 L'Hexagone

30 Mots croisés

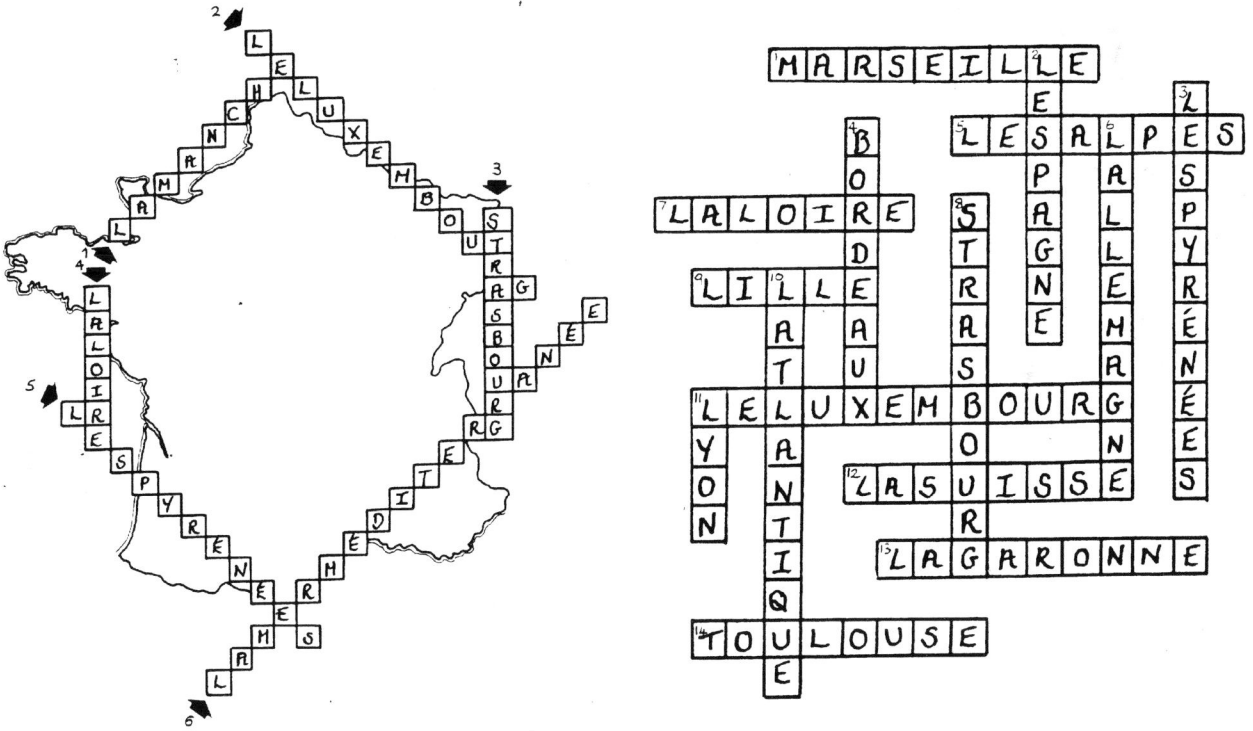

La France: solutions

31 La carte en puzzle

1 Bordeaux   2 Lille
3 Lyon   4 Marseille
5 Paris   6 Strasbourg
7 Toulouse

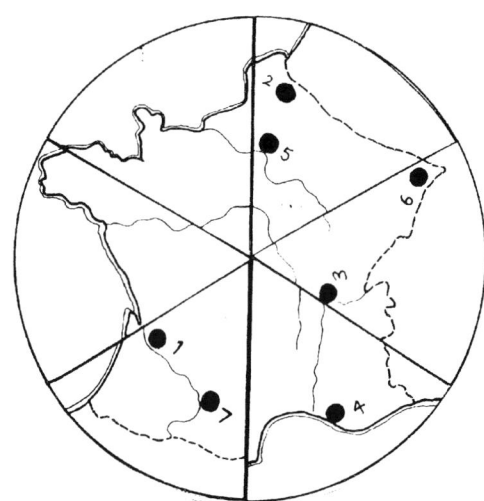

32 Devinettes

33 Mots croisés en puzzle

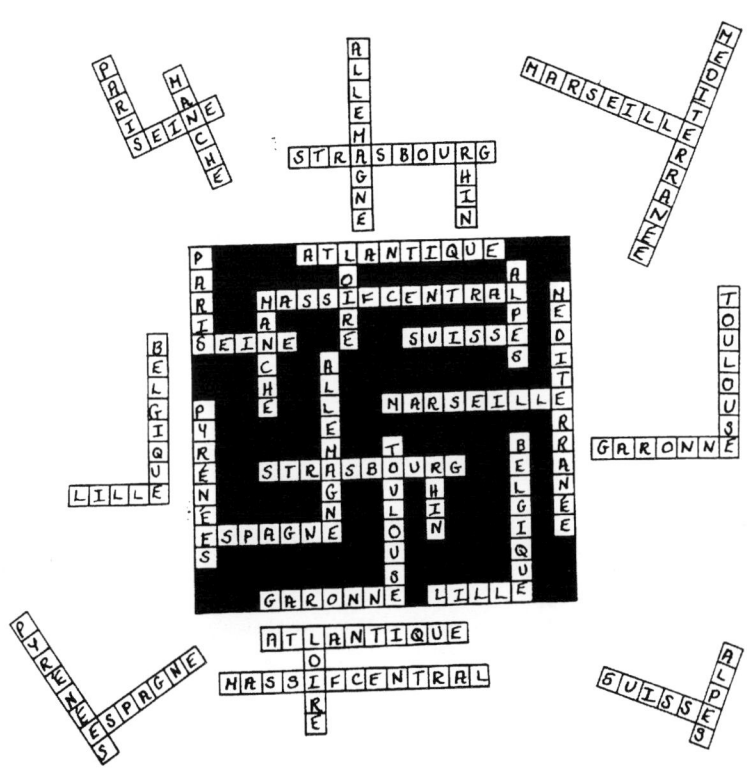

Du shopping: solutions

35 Mots croisés en images

36 Dans les sacs
L'ordre 1 à 6 n'est pas important.

1 d u j a m b o n

2 u n e t a r t e

3 u n t i m b r e

4 u n e g l a c e

5 u n d i s q u e

6 u n g â t e a u

37 Du shopping en hexagones

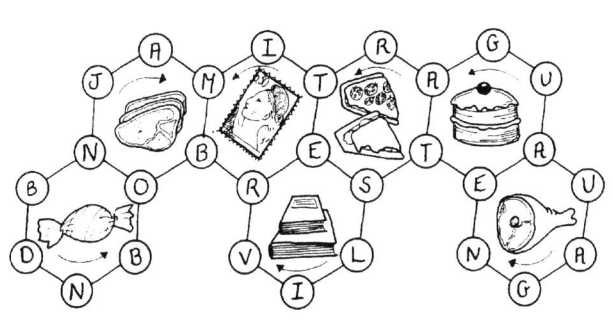

38 L'article mystère

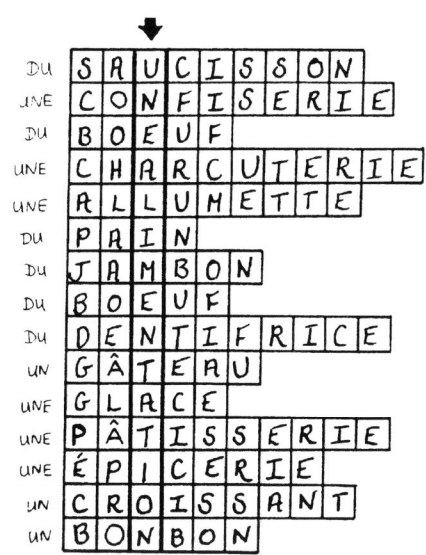

61

Du shopping: solutions

39 Des magasins

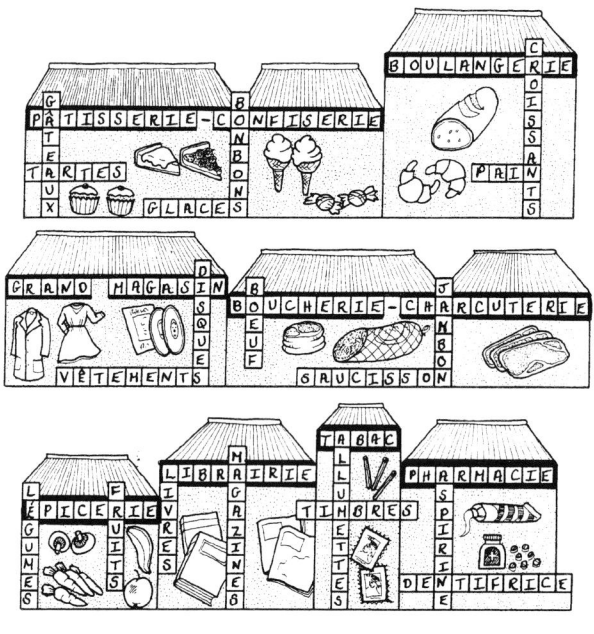

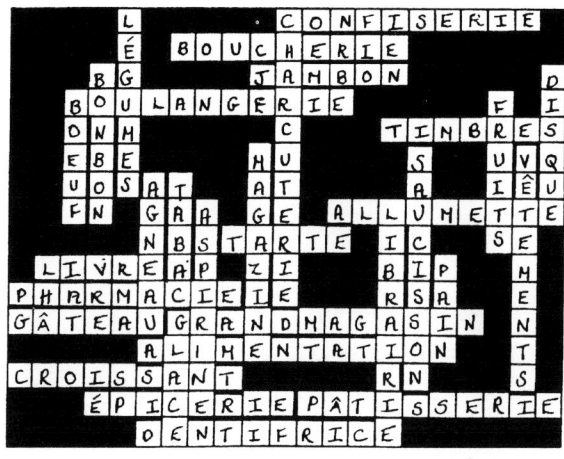

40 Le shopping en labyrinthe

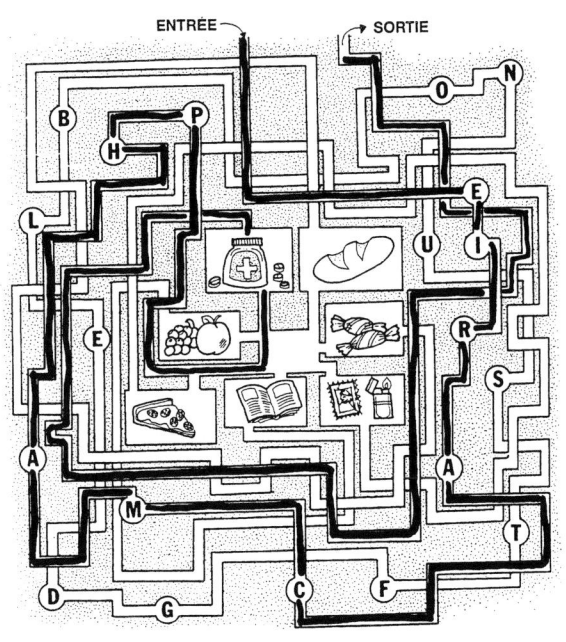

41 Place les mots

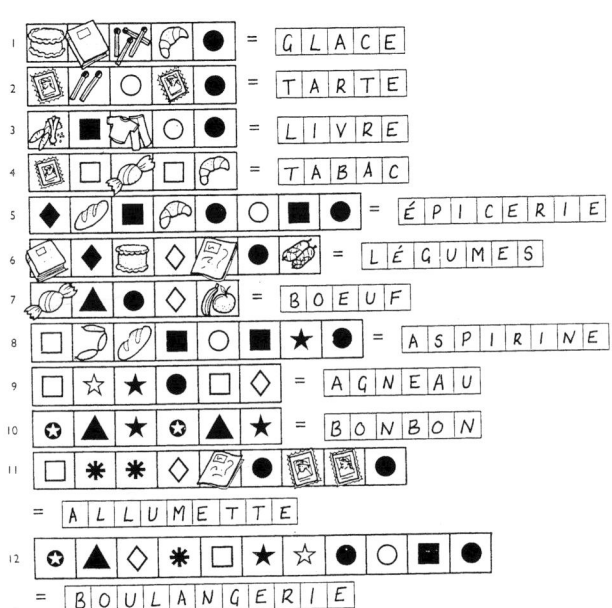

42 Jeu de code

1. = GLACE
2. = TARTE
3. = LIVRE
4. = TABAC
5. = ÉPICERIE
6. = LÉGUMES
7. = BOEUF
8. = ASPIRINE
9. = AGNEAU
10. = BONBON
11. = ALLUMETTE
12. = BOULANGERIE

Manger et boire: solutions

44 Mots croisés en images

45 Anagrammes au menu
Exemples:

petit déjeuner	déjeuner	dîner
pain	*poulet*	*poisson*
beurre	*frites*	*pomme de terre*
confiture	*tomates*	*légumes*
	fromage	*fruits*

46 L'objet-mystère absent

sept **C A R O T T E S**
neuf **O I G N O N S**
trois **B A N A N E S**
huit **F R A I S E S**
six **P O I R E S**
cinq **T O M A T E S**
un **P O U L E T**
deux **O R A N G I N A S**
quatre **P O M M E S**

47 Et Jean?

des **C A R O T T E S** — Anne
des **T O M A T E S** — Bernard
des **F R A I S E S** — Claire
un **O R A N G I N A** — David
du **P O U L E T** — Élisabeth
le **D Î N E R** — Fatima
un **S A N D W I C H** — Georges
du **F R O M A G E** — Henriette
de la **L I M O N A D E** — Jean

Manger et boire: solutions

48 Trois repas

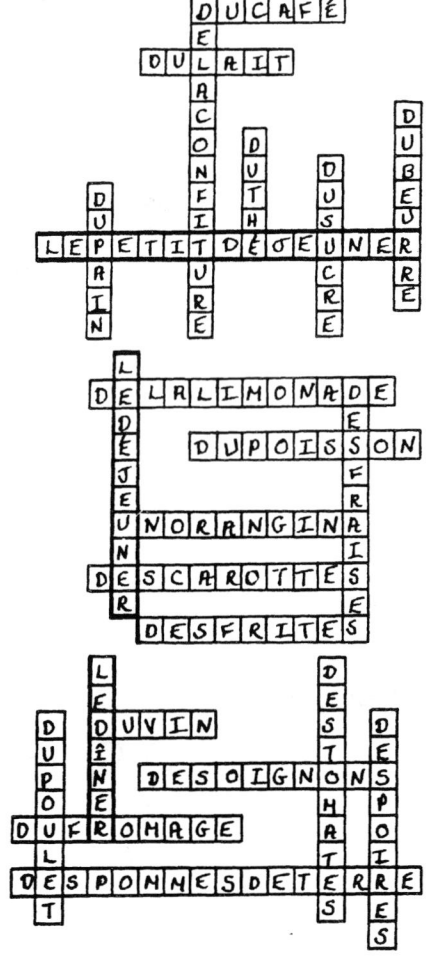

49 'Du' shopping

Liste

du *beurre*..........

du *café*..........

du *fromage*..........

du *lait*..........

du *pain*..........

du *poisson*..........

du *poulet*..........

du *sucre*..........

du *thé*..........

du *vin*..........

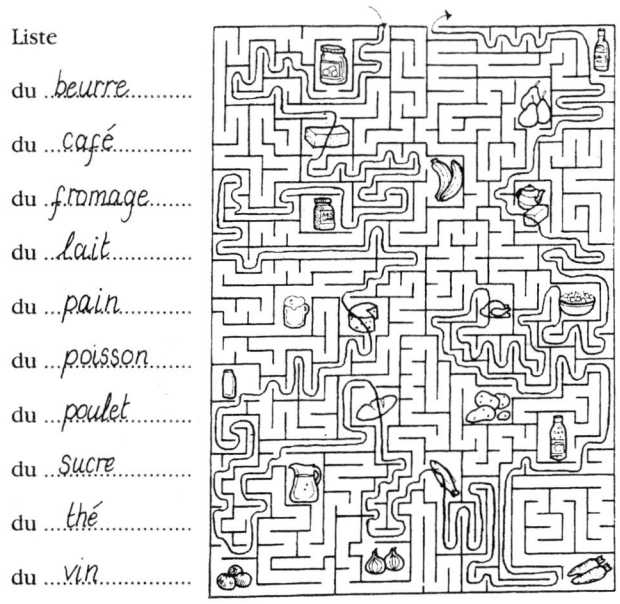

50 Jeu de code

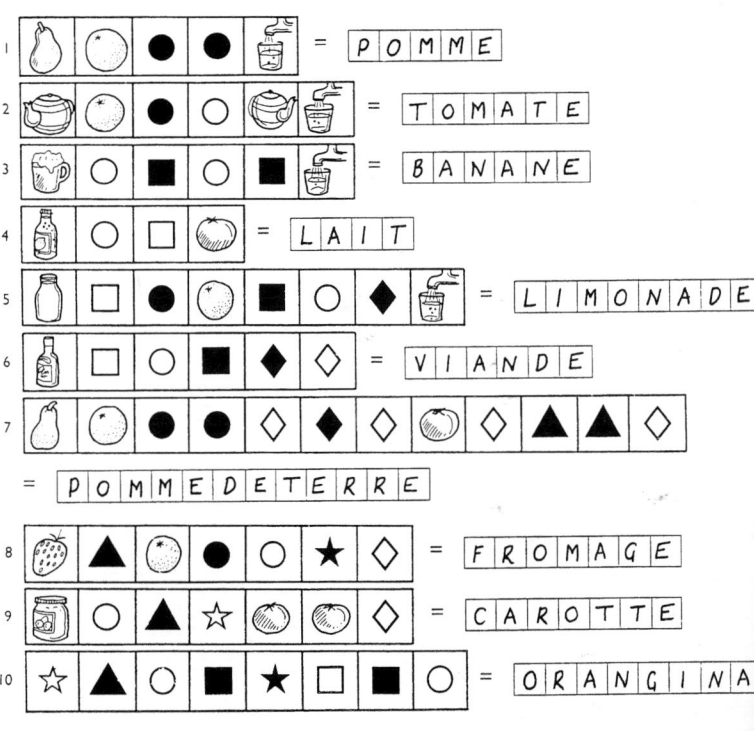

1 = P O M M E

2 = T O M A T E

3 = B A N A N E

4 = L A I T

5 = L I M O N A D E

6 = V I A N D E

7 = P O M M E D E T E R R E

8 = F R O M A G E

9 = C A R O T T E

10 = O R A N G I N A